与领导干部谈
金融科技

何宝宏 主编

中共中央党校出版社

图书在版编目（CIP）数据

与领导干部谈金融科技 / 何宝宏主编 . --北京：中共中央党校出版社，2021.10

ISBN 978-7-5035-7173-2

Ⅰ.①与… Ⅱ.①何… Ⅲ.①金融-科技发展-干部教育-学习参考资料 Ⅳ.①F830

中国版本图书馆 CIP 数据核字（2021）第 193756 号

与领导干部谈金融科技

责任编辑	蔡锐华　刘金敏
责任印制	陈梦楠
责任校对	马　晶
出版发行	中共中央党校出版社
地　　址	北京市海淀区长春桥路 6 号
电　　话	（010）68922815（总编室）　　（010）68922233（发行部）
传　　真	（010）68922814
经　　销	全国新华书店
印　　刷	中煤（北京）印务有限公司
开　　本	710 毫米×1000 毫米　1/16
字　　数	174 千字
印　　张	14.75
版　　次	2021 年 10 月第 1 版　　2021 年 10 月第 1 次印刷
定　　价	48.00 元

微 信 ID：中共中央党校出版社　　　邮　箱：zydxcbs2018@163.com

版权所有·侵权必究

如有印装质量问题，请与本社发行部联系调换

序 一

姚 前

当前，大数据、云计算、人工智能、区块链、物联网等新兴数字技术正与金融业务深度融合，不断改变传统金融发展模式，持续推动金融服务创新与价值升级。金融科技已成为我国金融发展的新模式、新业态与新动能。

第三方支付发展迅速，改变了传统的中央银行—商业银行的支付体系，突破了金融专网的约束，从开放的商业、社交网络衍生出一个具有较强普适性和泛在性的支付网络，使支付更加方便快捷。借助"互联网＋"，互联网货币基金规模快速增长，甚至超过大型商业银行的个人活期存款。基于大数据分析技术，智能投顾、智能投教、智能投研、智能投资、智能风控、算法交易、量化交易等效率更高、成本更低、风控更强的新型业态及服务不断涌现。云计算服务具有随需而用、部署方便、伸缩性强、使用成本较低等优势，在金融领域得到广泛应用。在股权、债券、票据、收益凭证、仓单等金融资产交易上，应用区块链技术，不仅无须第三方中介的参与即可发起交易，进行资产转移和资金的清结算，还可以为资产持有和交易提供无可争议的一致性证明，避免伪造假冒，解决信任问题。证券数字化及去中介化业务处理将可能是新一代信息技术带来的金融市场基础设施革命。新兴技术还对货币的演化产生了深远影响，出现了不同于传统的新型货币：数字货币。目前私人数字货币数千种。顺应数字化趋势，法币数字化已成为数字新时代最重要的货币金融变革，正引起各国中央银行、业界和学术界的广泛关注。国际清算银行（BIS）的问卷调查显示，在未来 3 年中，发行零售型央行数字货币（CBDC）的中央银行可能将覆盖世界 1/5 人口。CBDC 时代即将到来。

风险往往与创新相随。金融科技也带来了新型风险。在技术层面，金融科技的"网络效应""规模效应""长尾效应"是把双刃剑，风险爆发时这些效应可能会反过来放大风险的传染和影响面。比如互联网金融业务的跨域经营增大了监管难度，互联网的无边界性将使得风险传播速度更快，传染途径更复杂，涉及主体更广泛，风险控制与处置更加困难；网络融资的网络效应和长尾效应放大了风险的传染性；智能交易算法的趋同性可能会加重金融市场的羊群效应和顺周期性，算法编程设计错误、模型缺陷或导致交易系统异常，引发金融市场风险。

在产品层面，一些金融科技产品的系统重要性程度日益提高，潜在的负外部性越趋突出。比如，某些互联网货币基金规模已超过了大型商业银行的个人活期存款。从市场比重看，系统重要性凸显，存在"大而不能倒"的道德风险隐忧。金融科技产品的算法鸿沟也值得重视。算法通常是隐秘的，或是专利，或是商业秘密。即便公开，也因技术门槛，不是每个人都能读懂。这就形成新的数字鸿沟。不懂算法的人群在利益受损时有可能并不知情，即便知情，也可能无力举证和对抗。

在服务层面，违法违规活动若与云计算服务相结合，可能给监管执法工作带来挑战。比如，难以对调查对象实施技术层面的穿透。云服务模式下，客户交易终端信息指向云端，相关不法机构和个人犹如穿了一层"隐身衣"，增大了穿透调查幕后交易人真实身份的难度，也增大了调取资料的难度。云服务商可能以超越法律授权、法律文书不齐全等为由拒绝配合或者拖延提供有关资料。由于对调查对象云上数据全貌不掌握，监管部门往往难以提出全面完整的调查数据需求，且云服务商一般不支持调取历史数据。调取资料期间，调查对象可能会有所察觉，对云上资料和文件进行删除或修改。

在机构层面，金融机构与科技企业的边界越趋模糊，科技创新风险与金融创新风险越容易相互传染和共振。近年来，科技企业凭借自身技术优势，成为金融科技创新的重要主体。在某种意义上，科技企业崇尚的创新性、前沿性与金融业务强调的稳健性、审慎性之间存在着一定冲突。为追求快速发展，一些科技企业的风险偏好往往较高，乐于甚至是急于将尚不成熟的技术或理念运用于金融创新，虽然试错的勇气可嘉，但也不免带来潜在风险。尤其是，组织边界的模糊以及内部控制的缺位，容易导致金融创新风险与金融科技风险相互混杂，相互传染，放大系统性金融风险。

在基础设施层面，金融科技的发展推动金融基础设施深刻变革。金融科技的颠覆性不仅在于对金融业务流程的改造，还在于对金融基础设施层面的变革和创新，如基于移动支付技术的多层支付体系、基于互联网的另类资产交易平台、基于区块链技术的交易网络系统，其中有些还没有被监管完全覆盖。随着交易规模的增长，它们的系统性金融风险不可小觑。

防控金融科技风险，要坚持宏观审慎管理和微观审慎监管并重。

在微观审慎监管方面，对相关机构进一步加强资本金、业务范围、公司治理、内控机制、信息披露、消费者保护等一系列审慎性要求。在宏观审慎监管方面，研究探索把规模较大、具有系统重要性特征的金融科技业务纳入宏观审慎管理框架，对其进行宏观审慎评估，防范系统性风险。加强金融基础设施统筹监管。严格限制和规范非金融企业投资金融机构，从制度上规范隔离实业板块和金融板块。

要坚持机构监管和功能监管相结合。加强对金融科技企业的销售行为、交易行为、投资行为等各类金融活动的监管，强化功能监管，消除监管套利。以"实质重于形式"为原则，对各金融科技产品实施穿透式监管，向上穿透金融产品的最终投资者和风险承担者，向下穿透金融产品投资的底层资产，明确资金投向，及时识别和处置相关金融风险。加强消费者权益保护，充分保障客户的资金安全、数据安全、自主选择权和知情权。加强金融普惠，高度警惕和防止因金融科技发展而给弱势群体带来的"数字鸿沟"。

要坚持底线监管思维。坚决取缔非法金融活动，强化金融风险源头管控，加强金融领域准入管理，清理整顿各类无照经营和超范围经营金融业务，未经金融管理部门批准，企业不得从事或变相从事金融业务。明确金融服务实体经济本源，整治各种金融乱象和非法金融活动。

要坚持以监管科技应对金融科技。积极利用监管科技手段，构建高效、实时、智能的系统性风险监测、预警和管理体系，提高宏观审慎监管效率，有效防范金融系统性风险。以区块链治理区块链，充分运用各类数字技术，提升金融监管的精准性和实效性。

我一直有这么一个观点：大数据、云计算、人工智能、区块链等技术实质上均是算力突破奇点后，"算法＋数据"的体现，无非侧重点各有不同。因此，加强金融科技风险防控，还需要从算法和数据两个维度着重展开。

第一，算法监管。从机理看，算法监管的具体内容应至少包括：一是信息披露，相关主体应披露算法设计、执行、使用过程中可能存在的偏见和漏洞、数据来源以及可能对个人和社会造成的潜在危害。二是解释，相关主体有义务解释算法运行原理以及算法具体决策结果。三是审计，算法系统的设计、测试、运行表现及变动留有记录，全程监测，留痕可审计。四是质询和申诉，确保受到算法决策负面影响的个人或组织享有对算法进行质疑并申诉的权力。五是完善的内部治理。

第二，数据监管。当前，金融科技巨头已经有了非常庞大的用户体量、积累了海量的数据、形成了错综复杂的生态体系。他们利用场景叠加和跨界经营模式，以非市场化方式进行内部资源转移，在分业监管模式下进行监管套利，对金融资源配置产生了一定的挤出和抑制效应。因此有必要尽早探索建立一种新型的跨界科技监管基础设施，以监管科技应对金融科技，以互联互通和大数据穿透式监管应对跨界生态，推动市场主体各归其位，数据权属清晰、使用可控，平台运营规范透明，产品服务依法合规、风险可控，切实保障投资者权益，促进金融科技跨界生态良性发展。

我们深信，在党中央、国务院的统一部署下，我国金融科技稳中求进，必将在新发展阶段展现新作为。正确认识金融科技，理解金融科技，对待金融科技，是各级领导干部应有的理论素养。此本《与领导干部谈金融科技》的出版恰逢其时。它全面介绍了大数据、云计算、人工智能、区块链、5G等各项金融科技的技术特征、前沿热点、场景应用和未来趋势，同时对我国金融科技的顶层规划、产业集聚、关键创新、监管政策进行了深入的介绍与分析，并对各国金融科技的发展现状做了很好的阐述和总结，最后还汇集了国内外的典型案例，内容丰富，资料翔实，语言生动，充分体现了我国金融科技研究者和实践者的孜孜探索与丰硕成果，相信读者定能从中受益。

是为序。

（序一作者系中国证监会科技监管局局长）

2021 年 9 月

序 二

余晓晖

以数字浪潮为主要标志的第四次工业革命正蓬勃兴起，5G、云计算、大数据、人工智能、区块链、物联网等新一代信息通信技术加速与经济社会各领域和全过程深度融合，推动生产生活方式的深刻变革和数字文明新时代的来临。

金融业是建立在先进科技基础上技术密集型的现代服务业，金融科技的发展不断推动着全球范围内的金融创新和产业升级，而数字技术无疑是金融科技中最关键的赋能技术。20世纪以来，从大型计算机在金融中的率先应用，到金融电子化信息化、互联网金融，再到目前的金融数字化，数字技术的创新浪潮总是能与金融业深度融合，数字化技术成为创新金融产品、经营模式、业务流程和防范化解金融风险的核心工具。同时，金融业也成为全球数字化技术应用落地的主战场，是经济各领域中数字技术密集度最高、与核心生产经营管理全环节融合最紧密、对产品和服务创新影响最深远的部门。

近年来，伴随着移动互联、大数据、人工智能、区块链等技术的创新浪潮，金融科技不断取得新的发展。2018年，全球资本市场在金融科技领域的投融资金额同比增加120%；2019年，我国央行发布

《金融科技（Fintech）发展规划（2019—2021）》，明确了我国金融科技的发展方向；2020年的新冠肺炎疫情给社会经济各领域都带来了广泛而深刻的影响，也给金融与科技的融合创造了更大的空间。

2021年是我国"十四五"规划的开局之年，《国民经济和社会发展第十四个五年规划和2035年远景目标纲要》中明确提出，要"稳妥发展金融科技，加快金融机构数字化转型。强化监管科技运用和金融创新风险评估，探索建立创新产品纠偏和暂停机制"。站在新的历史关口，金融科技面临新的机遇和挑战。一方面，金融科技对于经济社会的促进作用，已远远超越了金融和科技领域本身，延伸到工业、农业、绿色低碳产业及一系列社会民生中，将在推动我国经济社会高质量发展中发挥更大作用。另一方面，金融科技的发展应该紧密结合供给侧结构性改革的主题，回归金融本质，提升金融服务实体经济能力；要在审慎监管下稳妥发展，高度关注和防范潜在风险。

中国信息通信研究院秉持"国家高端专业智库、产业创新发展平台"的定位，在我国4G/5G、未来网络、云计算、大数据、人工智能、区块链、物联网等信息通信技术领域的重大战略、政策、规划、标准和测试认证等方面发挥了有力支撑作用。同时，中国信息通信研究院也积极顺应数字化发展趋势，积极推进信息通信技术在经济社会各行业的深度融合应用。

在金融行业数字化发展方面，中国信息通信研究院战略性布局金融科技，成立了专门的"金融科技研究中心"，旨在发挥金融行业与科技领域的桥梁作用，支撑金融科技双向跨领域政策监管、咨询研究、生态构建和标准制定等工作，推动信息通信技术在金融行业的应用。我们已连续四年独家发布《中国金融科技生态白皮书》，并在金融云、

序 二

金融大数据、金融人工智能、金融区块链、5G 金融、数字普惠金融、金融安全、数字金融反欺诈、商用密码、科技投资等多个领域持续发布技术科研成果，力争成为国内外有影响力的金融科技研究力量，与各方一起推动金融科技健康发展和创新应用。

呈现在读者面前的《与领导干部谈金融科技》一书是我院金融科技研究团队在数年研究和实践基础上编写而成。该书全面介绍了金融科技的内涵和外延、产业生态、主要技术、核心应用场景等，并通过对国内外代表性案例的分析，展现金融科技的落地成果。希望通过本书，尽可能地给读者呈现金融科技发展历程和突出特点，也诚恳期望读者对本书不足之处批评指正。

(序二作者系中国信息通信研究院院长)

2021 年 9 月

目录 ▶ CONTENTS

一、金融科技的"前世今生" ········· 1
（一）金融科技的"庐山真面目" ········· 2
（二）金融科技的"星火历程" ········· 5
（三）金融科技"大有作为" ········· 8

二、金融科技的"百家争鸣" ········· 15
（一）金融科技产业的场景和技术 ········· 16
（二）金融科技产业市场经营主体 ········· 21
（三）金融科技产业的监管与公共服务机构 ········· 27

三、金融科技的"擒龙之技" ········· 32
（一）云计算——金融行业的"上云之路" ········· 33
（二）区块链——构建金融业"信任机器" ········· 39
（三）大数据——数字金融发展"新引擎" ········· 46
（四）人工智能——为金融插上"智慧翅膀" ········· 51
（五）5G——移动金融的"高速公路" ········· 57
（六）密码——金融行业的"铁布衫" ········· 66

四、金融科技的"春华秋实" …………………………… 72
(一) 移动支付:"小支付"开启"大时代" ………………… 72
(二) 数字货币:一场关于"钱的革命" …………………… 77
(三) 开放银行:让银行"无处不在" ……………………… 83
(四) 财富管理:智能化、专业化已成趋势 ………………… 88
(五) 保险科技:万物互联,万物保险 ……………………… 92
(六) 智能风控:让风险不再是"后顾之忧" ……………… 96

五、金融科技的"落地生根" …………………………… 102
(一) 国家顶层规划逐步完善,细分领域政策不断深入 …… 102
(二) 各地积极发展金融科技,产业区域集聚效应明显 …… 108
(三) 产业主体不断丰富,行业协同趋势明显 ……………… 113
(四) 金融科技监管更加规范化,金融开放带来竞争新
　　　形势 ………………………………………………… 121

六、金融科技的"他山之石" …………………………… 125
(一) 美国金融科技发展实践 ………………………………… 126
(二) 欧洲金融科技发展实践 ………………………………… 131
(三) 加拿大金融科技发展实践 ……………………………… 137
(四) 新加坡金融科技发展实践 ……………………………… 142
(五) 日本金融科技发展实践 ………………………………… 147
(六) 韩国金融科技发展实践 ………………………………… 152

七、金融科技的"未来已来" 159
（一）政策监管方面 159
（二）产业发展方面 162
（三）技术演进方面 165
（四）赋能社会经济方面 169

附录1　国内金融科技企业案例 173
附录2　海外金融科技典型企业案例 207

后　记 219

一

金融科技的"前世今生"

1990年12月1日,深圳证券交易所(以下简称"深交所")正式营业。开业首日,交易大厅只有12家证券营业部代表在场,而当日也仅有一只股票完成交易。在此后的一段时间里,由于信息化手段的不足,股民们需要在窗口排队递单买卖股票,交易所的工作人员则需要每天早上提前几个小时到岗,进行手工记账工作,交易效率十分受限。

到2020年,深交所已经走过30个年头。30年间,深交所已从单一市场形成了主板、中小板、创业板的多层次市场体系,为业务提供支撑的交易系统也得到了突飞猛进的提升。目前,深交所的第五代交易系统已经连接近400家交易参与人,直接连通各证券公司交易系统,连接登记结算系统,连通200多家托管结算机构,有效服务过亿投资者和超2亿证券账户对11000多只证券的交易、结算需求,实现了交易结算业务的高效直通式处理。系统具备对8亿账户、3亿笔持股的前端风控、每日4亿笔订单的处理能力,持续委托处理能力峰值30万笔/秒,双中心模式下最快委托处理时延1.1毫秒,经受住日订单超过

1.1亿笔的峰值考验,可在10秒内完成自动故障切换,3分钟内实现同城灾备切换①……这一切的改变,都得益于"金融科技"的发展。

说到金融科技,似乎每个人都能说上几点看法:是我们几乎每天都会用到的移动支付,是新兴概念的数字货币,是金融机构挂在嘴边的数字化转型,是金融科技企业强调的科技赋能,是……那么,金融科技到底是什么?它有哪些基本特征?金融科技的发展历程是怎么样的?最终它又能为金融行业,进而为整个社会经济带来哪些价值?本章将围绕以上这些问题展开分析。

(一)金融科技的"庐山真面目"

1. 金融科技是什么

金融科技(FinTech),顾名思义就是金融(Finance)与科技(Technology)的结合。国际权威金融组织金融稳定理事会(FSB)于2016年提出,金融科技是"由大数据、区块链、云计算、人工智能等新兴前沿技术带动,对金融市场以及金融服务业务供给产生重大影响的新兴业务模式、新技术应用、新产品服务等"。目前,这一定义已成为全球共识。2019年,中国人民银行印发《金融科技(FinTech)发展规划(2019—2021年)》,在沿用FSB"金融科技是技术驱动的金融创新"这一定义外,进一步明确:"金融科技旨在利用现代科技成果改造或创新金融产品、经营模式、业务流程等,推动金融发展提质

---

① 姜楠:《第五代交易系统出任创业板改革"技术担当"》,《证券日报》2020年7月9日。

增效。"

我们认为,理解金融科技需要从广义和狭义两个维度,区分科技与技术两个概念。广义的金融科技是指以金融行业应用需求为导向,利用一切科学技术(包括但不限于信息通信科技)为金融行业发展提供科技能力支撑,进而提升金融服务能力,降低金融服务成本。而在目前阶段,业界广泛讨论和重点关注的金融科技应该是相对狭义的维度,主要是聚焦5G、云计算、大数据、人工智能、区块链等新一代信息通信技术在金融领域的创新应用带来的数字货币、移动支付、智能投顾、智能金融风控等金融创新。其中,5G、云计算、大数据、人工智能和区块链等属于当前金融科技应用的关键技术领域。需要特别说明的是,本书所分析讨论的金融科技,采用与当前业界共识相一致的狭义维度。

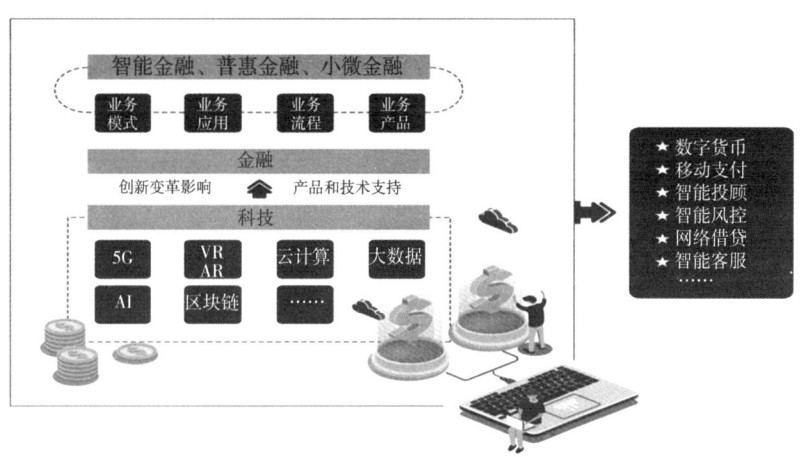

图1—1 金融科技概念图

从发展特征来看,金融科技强调创新性。金融科技通过技术应用,实现金融业务和服务的创新,打造新的生产方式和服务模式,提高金融行业运行效率。金融科技凸显智能化。通过"互联网＋大数据＋人工智能"的全方位应用，金融科技推动智能金融时代的到来，无人银行、智能投顾、智能客服等成为现实。金融科技实现普惠化。金融科技降低了金融服务门槛和成本，让更广泛的人群能够享受种类更多、更优质的普惠金融服务。金融科技聚焦客户体验。金融科技应用让金融服务更加关注客户体验，持续根据客户需求的变化进行产品的快速迭代优化，实现传统金融服务所不具备的个性化和差异化服务体验。

2. 金融科技不是什么

我们在明确金融科技定义的同时，也还需区分它与科技金融、互联网金融、消费金融等相似概念之间的关系及区别。

(1) 金融科技与科技金融

金融科技，指的是用科技手段为金融发展提质增效。而科技金融则强调用金融手段更好地服务于科技发展。即通过一系列金融工具、金融制度、金融服务等来促进科技开发、科研成果转化和高新技术产业发展。比如，成立基金引导资本投向科技企业，为科技企业建立股权融资渠道等。

(2) 金融科技与互联网金融

互联网金融强调互联网渠道属性，本质上是把资金融通、支付、投资、信息中介服务等金融业务搬到互联网上，属于一种新型的金融业务模式。而金融科技则强调技术属性，并不属于某一种金融业务。同时，金融科技包含的技术范畴也比互联网金融更加广泛，除了互联网技术、信息通信技术等之外，还包括5G、云计算、大数据、人工智能、区块链等。

(3) 金融科技与消费金融

消费金融指的是嵌入到具体消费场景中的金融服务，例如针对装修、旅游、购物等提供的消费分期、消费贷款等服务，属于一种新兴的金融业态。消费金融公司则是经过银保监会许可，拿到专门消费金融牌照、可经营以消费为目的的贷款公司（不包括房产和汽车）。当然，消费金融业务不可避免地会用到金融科技所涉及的一些技术手段，但是它与金融科技的概念是属于完全不同的范畴。

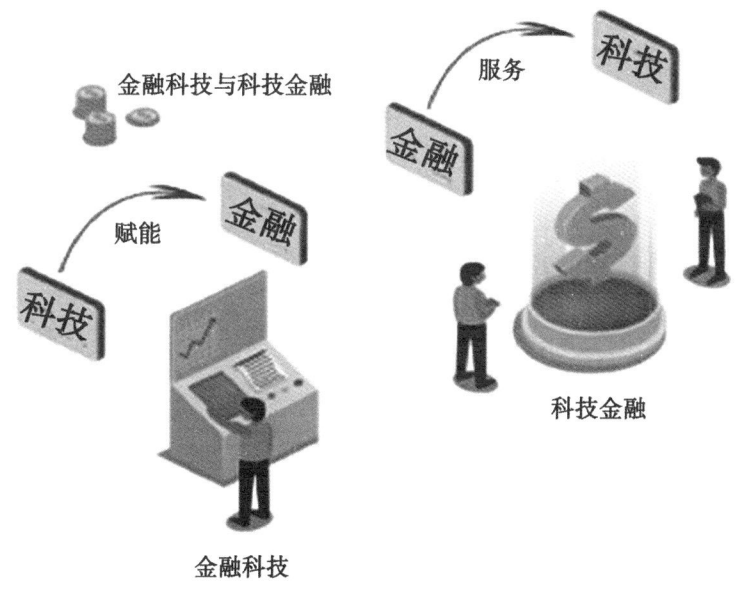

图1—2　金融科技与科技金融

（二）金融科技的"星火历程"

从信息技术在金融行业应用的深度和变革影响程度划分，金融领域的科技应用可分三个阶段，分别是金融电子化阶段、互联网金融阶段和金融科技阶段。

1. 金融电子化阶段

金融电子化阶段，金融机构着重 IT 技术的后台应用，即以现代通信网络和数据技术为基础，将业务数据逐步集中汇总，利用信息化软硬件实现办公的电子化，提升业务处理效率。在此阶段，金融机构 IT 技术相关部门属于后台支撑线条，IT 技术应用的主要目标是实现业务管理和运营的电子化与自动化，从而提高金融机构业务处理效率，强化内部管理支撑能力。代表性应用包括核心交易系统、账务系统、信贷系统等。

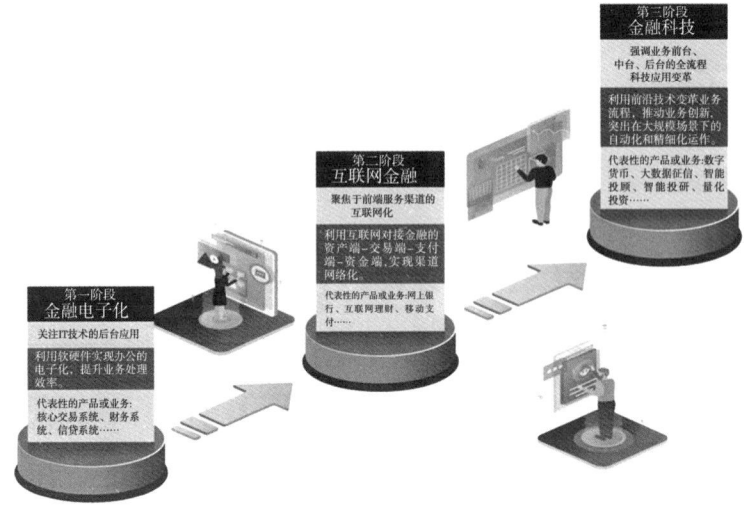

图1—3　金融科技发展历程

在本阶段，科技企业以售卖金融 IT 软硬件服务为主，提供的产品为定制化金融 IT 软件和相关部署，以及相应的运维服务，营收由项目的数量和规模决定。企业的收入与员工的数量相关，单个企业收入规模受限。

2. 互联网金融阶段

互联网金融阶段，聚焦于前端服务渠道的互联网化，即通过对传统金融渠道的变革，实现信息共享和业务融合。金融机构利用互联网对接金融的资产端—交易端—支付端—资金端，将传统金融业务从线下向线上迁徙，改变金融机构的前台业务方式，依托互联网实现金融从销售到服务、再到资金收付的前、中、后台整个业务流程的再造及渠道的变革。但本阶段对整体金融的革新意义大部分聚焦于前台业务，范围相对狭窄。代表性应用包括网上银行、互联网基金销售等。

在本阶段，科技企业以提供基于云的整套业务解决方案为主。科技企业提供的产品为整套基于云的从 IaaS 层到 SaaS 层的业务解决方案。由于产品为整套的解决方案，项目规模较大，客户黏性较高。相对第一阶段，基于云的解决方案具有更强的业务可持续性。

3. 金融科技阶段

金融科技阶段，强调业务前台、中台、后台的全流程科技应用变革。金融机构利用5G、云计算、大数据、人工智能、区块链等前沿技术进行业务革新和流程再造，通过自动化、精细化和智能化业务运营，改变传统金融的获客、客服、风控、营销、支付和清算等前台、中台、后台业务的各个方面和金融服务的全部环节，提供更加精准高效的金融服务，有效降低交易成本，提升运营效率。代表性应用包括大数据征信、智能投顾、智能风控、量化投资等。

在本阶段，科技企业以金融科技为依托赋能金融机构数字化转型。金融科技企业在金融服务领域中表现的更加积极，在不断通过新兴技术创新金融业务服务模式的同时，更多地开始与金融结构合作，助力金融机构为用户提供金融服务，包括大数据征信、智能投顾等。

（三）金融科技"大有作为"

随着金融行业与新一代信息技术融合程度不断加深，金融科技应用得到广泛推广，金融行业数字化转型呈现加速趋势。在促进金融行业降本增效，创新业务及产品，提升监管科技的水平、有效防范与化解金融行业风险的同时，金融科技也进一步降低了金融服务的门槛，扩大了金融服务范围，提升了贫困人口、农村人口、中小企业金融服务的可得性、普惠性，从而促进了普惠金融和实体经济的发展。

1. 助力金融降本增效，推动行业转型升级

首先，金融科技能有效降低金融行业服务成本。一方面，金融机构不论是建设营业网点还是增加分支机构，均会带来一系列人力、物力、场地等固定成本的增加。而通过技术的助力，金融机构可以取代相当比例的网点与人工投入，大幅度降低服务新增客户的边际成本，从而节省整体开支。另一方面，金融科技能够有效减少信息不对称，简化交易环节、扩大线上营销渠道，从而降低金融服务的获客、营销、风控及资金融通等成本。例如，以机器学习、数据挖掘等技术为支撑，金融机构可精准识别用户需求，开展个性化线上营销服务，从而减少

金融业务撮合的时间，降低获客成本。根据人民银行的数据，2019年我国银行业线上信贷成本仅为线下的58.6%，金融科技降低服务成本效果显著。

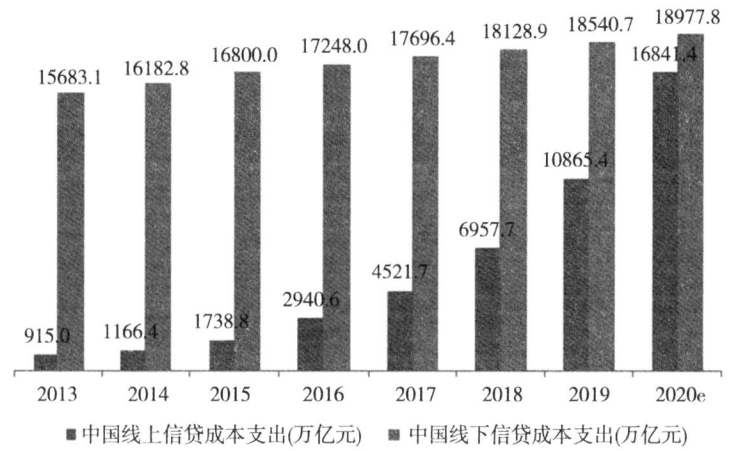

图1—4 中国银行业线下信贷成本/线上信贷成本对比①

其次，金融科技助力金融行业提升服务效率。随着信息技术深入渗透到金融行业的各个领域，金融科技已经覆盖金融业务的获客、征信、风控、营销、投顾、支付、客服等多项流程及环节，加快了业务流程再造，提升了金融服务效率。以人工智能及大数据在商业银行信贷领域应用为例，利用银行内部数据为基础，融合POS流水记录、个人征信、诉讼、税务等第三方机构数据，充分运用信用评分模型、决策系统等大数据处理和专家系统技术，金融机构能够实现对客户的综合信用评价与差异化风险定价，从而在几分钟内完成申请、审批放贷等一系列流程，极大提升了银行贷款审批的效率和

---

① 数据来源：中国人民银行。

客户办理业务的体验。

2. 创新金融产品服务，优化传统业务模式

随着信息技术的不断突破及其应用场景的不断增多，技术发展给传统金融行业带来的最直观的改变就是产品及业务模式的创新。互联网保险、互联网小贷、互联网理财、智能投顾、第三方移动支付、数字货币、互联网银行等众多新兴的金融产品和模式层出不穷，涵盖金融各项业务，在丰富大众金融产品选择的同时，也极大提升了数字金融服务的便利性与可得性。

以移动支付为例，十几年前，网络支付需要先去银行开通电子银行，再下载银行U盾、安装插件，然后按照指令输入长串的银行卡号、密码，最后才能完成支付，整个流程繁琐且复杂。而现在，只需要一个二维码，打开手机扫一扫，几秒钟就可以完成支付，流程得到极大简化。经过十几年的发展，中国的移动支付已经得到全面普及。根据中国互联网络信息中心的数据，截至2020年6月，我国手机网络支付用户规模达到8.02亿，2020年上半年我国移动支付金额达到196.98万亿元，稳居全球第一。①

移动支付深入渗透大众生活的同时，也发挥了惠民信息载体、电子钱包、信用媒介、收银记账等众多功能，移动支付平台也集成了支付、出行、保险、理财、公益、医疗、生活缴费、政务服务等众多应用场景，创新并拓展了电子支付的产品功能及业务形态。

---

① 数据来源：中国互联网络信息中心：《第46次中国互联网络发展状况统计报告》。

3. 提升监管科技水平，防范化解金融风险

金融科技的发展在使金融市场的广度和深度不断拓展的同时，也使金融领域的技术风险、操作风险更加复杂，甚至有诱发系统性风险的可能，进而促使金融监管部门转变监管方式、创新金融监管手段。监管科技是金融监管与科技的结合，通过充分运用5G、大数据、云计算、人工智能、区块链等技术，加强数字监管能力建设，不断增强金融风险技防能力，提升监管专业性、统一性和穿透性。

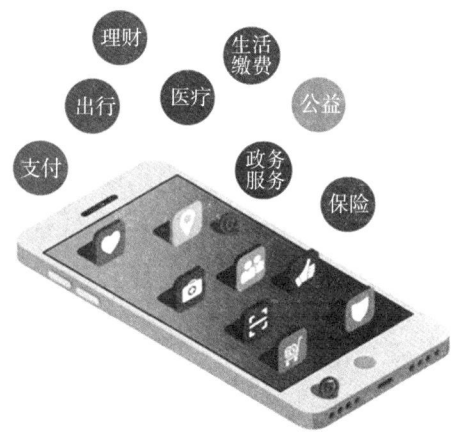

图1—5　移动支付覆盖的应用场景

监管科技带来的益处主要包括：一是提升数据监管能力。金融科技的应用可帮助监管机构实时收集、整理、处理和共享行业数据，做到提前防范和感知金融风险，有效地监测金融业务中的违规操作和潜在风险。二是创新监管手段。随着科技与监管的深度融合，监管科技应用场景和解决方案更加丰富，从而提升了监管的创新能力和技术水平，对监管规则、监管框架、监管方向都会有创新性影响。三是增进监管合作。应用监管科技可以增加监管部门之间的合作，实现从机构

监管向功能监管的过渡。金融机构、监管部门和科技公司之间由于监管科技的应用，促进了沟通与协作，最终实现监管目标的统一。四是降低监管成本。监管科技可以帮助监管部门实现监管流程的自动化和智能化，减少繁重工作带来的成本和人力的投入；金融机构通过监管科技可以实现业务合规和风险预防，减少合规成本。五是防范监管套利。监管科技通过人工智能和机器学习等新技术，监测监管漏洞和不合规业务，有效防范金融机构规避监管、牟取超额利益的行为。

4. 促进普惠金融发展，缩小城乡发展鸿沟

普惠金融是指立足机会平等要求和商业可持续原则，以可负担的成本为金融服务需求的社会各阶层和群体提供适当、有效的金融服务。在我国，农民、城镇低收入人群、贫困人群和残疾人、老年人、小微企业等是当前普惠金融的重点服务对象。针对这些特殊群体的金融服务更加强调服务对象的包容性、服务方式的便捷性、服务内容的全面性以及商业模式的可持续性。在金融科技的助力下，以各类数字化技术为实现条件的数字普惠金融在促进经济发展、缩小城乡差距、减少贫困、解决普惠金融"最后一公里"与商业可持续问题等多个方面上都有重要意义。

首先，金融科技的发展扩大了金融服务地域、服务人群的覆盖范围，为现有金融体系覆盖不足的群体提供无差异、便捷的金融服务。数字化的金融服务依托于互联网、移动通信、云计算、大数据等数字化技术，在基础通信设施广泛覆盖的前提下，通过设立电子银行、互联网银行、直销银行等方式，能够极大地突破金融机构布局的地域限制和物理网点约束，更大程度上为用户提供跨空间、无差别的金融产品与服务，实现金融服务向县域、乡村、社区的深入推进，提高普惠金融服务的渗透率。

其次，金融科技能够促进经济发展、减少贫困，助力脱贫攻坚。一方面，通过大数据以及人工智能等科技手段可以对农户进行精准"画像"，从而可有效识别贫困人口并控制风险，确保金融服务精准扶贫。另一方面，通过技术手段控制风险，精准地向贫困人口发放贷款，保证资金精准到户。例如，银行等金融机构运用信息技术打造一站式金融综合服务平台，贫困农户可以实现快捷、安全、高效的信息获取，灵活高效地配置扶贫资金资源，降低交易成本；通过金融科技创新推动机制创新，金融机构可以为农户设计研发简便、快捷的农户小额信用贷款产品，通过智能系统完成自动审查审批、快速到账、随借随还等服务，使困难农户真正获得便利。可以说，在支农惠农、精准扶贫中，金融科技具有大有可为的广阔空间。

5. 提升产融合作水平，服务实体经济发展

尽管金融服务各类市场主体发展，以市场需求为指针，对关键产业、领域、企业进行支持是各国金融行业及监管部门关注的重点，然而企业融资难、融资贵问题却是一个在世界范围内长期存在的现象。以中国企业为例，我国中小微企业潜在融资需求为 4.4 万亿美元，而融资供给仅为 2.5 万亿美元，存在 1.9 万亿美元的融资缺口。[1] 尤其在疫情影响下，资金紧张成为众多企业面临的突出问题，近 9 成中小企业账上资金能支撑不到 3 个月，不足 1/10 的企业能支撑半年以上。[2]

---

[1] 数据来源：世界银行：《中小微企业融资缺口：对新兴市场微型、小型和中型企业融资不足与机遇的评估》。

[2] 数据来源：中国中小企业协会：《关于新冠肺炎疫情对中小企业影响及对策建议的调研报告》。

企业缺乏增信担保措施、企业信贷风险高，银企信息不对称，金融机构服务能力不足等是形成企业融资难题的重要原因。为了解决这些问题，除了完善金融市场的体制机制外，也可以发展金融科技在深化产融对接，赋能金融更好服务实体经济上的重要作用。

一方面，金融机构通过数字化技术构建多机构间数据连接，对多样化的、实时的、有价值的数据进行采集、整理、分析和挖掘，在短时间内完成对小微企业及企业主个人信用的评估，有效解决小微企业信用信息不健全、信贷风险高的问题，帮助其获得融资支持。同时，多层次、多形态的互联网融资模式与融资平台极大丰富了小微企业的融资选择、提升了融资可得性。另一方面，数字化技术有效加快了信息交互式流动，突破了时间、地域的限制，简化了融资流程，缩短了产融对接时间、提升了产融合作效率，能有效解决小微企业量小、频急、多样化的资金需求。同时，数字化技术为精准化、个性化和多样化的小微企业融资服务提供了技术支持，通过构建客户行为评估模型，运用大数据实现对客户的精准画像和分层，从而推出针对不同目标客群的产品。以我国某民营互联网银行为例，截至2019年末，该民营银行已为23万户普惠型小微企业提供了信贷服务，其中61%为首次获得银行授信；这些企业的就业人数超过200万人。[①]

[①] 数据来源：微众银行：《2019年微众银行年度报告》。

二

金融科技的"百家争鸣"

18世纪60年代至今，人类社会发生了三次由科学技术引领的产业革命。以蒸汽机的发明和使用为标志的第一次产业革命，带领世界进入了"蒸汽时代"；以电力的发明和使用为标志的第二次产业革命，让人类进入"电气时代"；以原子能、航天、电子计算机、生物工程等技术为标志的第三次产业革命，让人类进入"信息化时代"。每一次产业革命都由核心技术推动，极大地解放了生产力，使人类生活水平得到飞跃。

当今世界，新的技术变革给各个传统行业带来新的机遇和挑战，金融业也不例外。以人工智能、大数据、区块链、云计算、5G为代表的新一代信息技术迅速渗透到金融领域，催生出金融行业新业态、新模式。未来，广纳新技术、运用新思维将成为金融业发展的重点方向之一，金融科技的发展也必将深刻改变金融生态。

近年来，在各类主体的共同推动下，金融科技产业生态体系已初步形成。总体来看，金融科技产业生态体系主要由监管机构、产业市场经营主体、公共服务机构三大类构成，其中金融科技产业市场经营主体主要包括金融机构和科技企业,形成了整个生态系统中的核心部分;监管机构根据各自分工,对金融科技市场主体进行业务指导、监督管理,营造金融科技良性发展环境;公共服务机构则为金融科技产业市场主体做好行业自律、合作促进、建议咨询等工作。

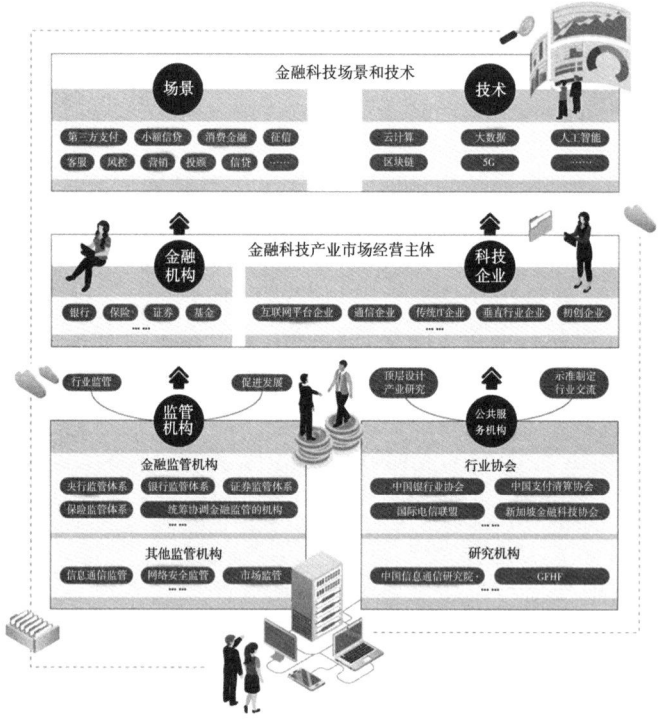

图2—1　金融科技产业生态

(一)金融科技产业的场景和技术

监管机构为金融科技的发展提供了包容审慎的监管环境,研究机构和行业协会为金融科技的发展奠定研究基础和搭建合作桥梁,传统金融机构与各类金融科技企业合作开发关键技术、打造应用场景、创新业务模式，将研究成果落地转化，推动金融科技产业发展。

1. 从技术角度看金融科技

云计算、大数据、人工智能、区块链、5G、物联网、密码等新一代信息技术的融合发展与应用，促使金融行业信息基础设施在网络层、传输层、存储层、分析层、应用层和安全层等架构上发生变革，推动金融行业智能化转型。

在网络层及传输层，5G和物联网技术提升了数据传输的效率和金融业的感知能力。5G增强移动带宽、高可靠低时延、海量物联的特点，为数据在云设备之间快速传输建立通道，通过增强数据传输的可靠性提升客户体验，减少数据在金融机构及外部生态用户之间来回传输的时间。物联网设备作为感知终端，可收集周围世界的数据信息，极大地提升了金融的感知能力。例如动产融资中的物联网技术可以全面感知、有效传输和智能分析动产信息，让动产具备"不动产"的部分属性，降低金融机构的信息不对称性和人员成本。

在存储层和平台层，金融机构利用云计算技术搭建云平台获得整合资源的能力，有效支撑海量数据的存储和处理，从而更好地应对金融业务中断等风险。5G及物联网技术带来的数据传输质效的提升，使得金融行业数据量进一步增加。在此背景下，金融云的应用更加广泛。云与网络加速融合，实现IT资源按需分配，保障金融行业IT资源灵活充分应用，使金融机构能够快速释放数据潜能，从而创造更高的商业价值。当前银行和券商正通过业务系统迁移上云，在数据库分库、分表的部署模式下，实现上千套清算系统和实时交易系统的并行运算。

由此可见，云计算已经成为金融IT架构转型的主流方向。

在分析层和应用层，大数据及人工智能技术有效提高金融行业数据分析及计算能力。与其他行业的数据相比，金融行业的数据具有"流数据"的特征，其数据逻辑关系紧密，对实时处理和可视化要求高。随着越来越多的金融机构将业务和数据迁移到云端，金融行业IT资源利用率提升，能够容纳更多数据。大数据技术能够提升金融机构对大量数据集成、计算、管理和分析的能力，金融机构通过构建大数据分析平台对客户进行画像管理和实时动态监控，用以支撑智慧营销、实时风控、交易预警和反欺诈等业务。人工智能技术的应用则进一步提升了金融行业的数据处理能力与效率，海量金融数据可有效支撑机器学习。机器认知能力的不断完善推动金融服务模式向主动化、个性化、智能化方向发展。

在安全层，区块链技术和密码技术保障金融信息的完整、准确和机密性，防止信息被篡改、伪造和泄露。金融行业各类数据量剧增，数据和信息的安全性引起重视。区块链技术防篡改特性为金融应用提供了天然的信任基础，降低了传统金融业务依赖中介的信用成本。同时，区块链技术的可追溯性增强了金融交易、资金来源、资产信息等数据的透明度，大幅度提升了交易双方的信任度。密码技术通过对信息重新编码，保障信息的完整性、正确性和机密性，在金融业的存储数据加密、应用报文加密、密钥管理、交易数据签名验签等方面应用广泛。

2. 从场景角度看金融科技

金融科技驱动金融创新，不仅为金融业IT变革提供了动力，也革新了传统金融业务的模式和效率，更催生了新的金融产品和业态。

受金融科技驱动，传统金融业务的改变主要体现在如下几个方面：第一，科技的发展使得传统金融业务渠道发生改变。第二，客户多元化、定制化的需求使得传统金融业务更加精细化、专业化。第三，科技手段促使传统金融服务效率和金融服务体验升级。第四，传统金融业务的数据整合、共享和开放成为趋势。具体而言，银行、证券基金、保险这几种传统金融业务又有不同的特点。

银行数字化转型具有较为明确的路径，即从线下获客到"实体＋网络＋供应链"的全渠道获客，从以产品为中心到以客户为中心，从独立体系到开放式平台，从重资产、轻交易到轻资产、重交易，从重抵押的事前控制向重数据和信用的事中事后控制等。在生态构建方面，银行通过开放数据和服务推进开放银行建设，加强渠道整合和外部合作，打造更为广泛的开放生态体系。在风险控制方面，银行通过利用大数据、云计算、区块链等技术，打造底层分布式架构，重建信用形成机制，完善风控体系。

证券业科技创新和应用推动运营方式及业务模式转型，主要呈现以下几个特点：第一，证券业务流程数据信息逐步打通，协同趋势更加明显，例如从原来的营销、投顾相互独立运营到目前的前中后台一体化。第二，券商业务战略重心往高价值、高专业度、高复杂度的业务转移，例如从零售业务向机构业务拓展，从经纪业务向财富管理业务转型，从卖方投顾向买方投顾转型。第三，应用新技术的业务范围进一步扩大。以财富管理业务为例，当前证券财富管理行业投顾数量远远不足，在中国，平均 1 名投顾要服务 3300 名客户[①]，财富管理行

---

① 数据来源：中国证券登记结算有限责任公司。

业急需借助科技力量满足投资者的需要。例如采取智能投顾的方式，服务更多长尾客户；或利用数字化平台为投资顾问赋能，服务更多高净值客户。第四，证券业务开放共享程度逐渐提升，构建价值共同体的平台化、生态化发展理念将得到重视。当前券商通过开展跨行业的业务场景融合、数据价值共享、技术能力互补等合作，通过相互赋能打造开放生态体系。

保险业的数字化转型得益于保险科技的快速发展，主要呈现如下几个特点：第一，新技术应用助推保险行业由规模增长向高质量发展转型，保险产品更加精细化、专业化、多元化。第二，随着移动互联网的深入发展和社会保险意识的不断提升，保险跨界和保险生态构建成为重要发展趋势，针对场景的个性化、定制化产品创新成为保险行业新的蓝海。第三，保险科技逐步覆盖保险价值链全流程，推动营销渠道优化、流程自动化、服务线上化、定价合理化、风控智能化。

除了传统金融业务发生变革之外，金融科技的发展也带动了例如移动支付、开放银行、虚拟银行、供应链金融、动态风控、互联网保险等新金融业态的出现和发展。

例如在供应链金融领域，美国供应链金融的主要业务模式之一是仓单质押，仓单既可以作为向银行贷款的抵押，也可以作为支付手段进行流通。以往供应链金融存在信息孤岛、核心企业信任无法有效传递、可信的贸易场景匮乏、履约风险无法有效控制、融资难融资贵等诸多痛点。而区块链技术以其数据难以篡改、数据可溯源等技术特性，可以解决供应链金融信息孤岛问题，帮助传递供应链核心企业信用，挖掘可信的贸易场景，通过智能合规防范履约风险，最终提高融资便利性，助力融资降本增效。

（二）金融科技产业市场经营主体

金融机构和科技企业是金融科技产业市场主体的核心成员，两者不断融合、渗透，催生了新的金融科技业务和场景。科技企业利用技术优势在客服、风控、营销、投顾和征信等领域为金融机构输出新技术，金融机构则运用云计算、大数据、人工智能、区块链和5G等先进技术，创新金融服务。

具体来看，从参与主体原生背景和基因层面划分，金融科技产业市场主体可以进一步细分为传统金融机构、互联网平台背景企业、通信产业背景企业、IT背景企业、垂直行业企业和初创企业等类型。

1. 传统金融机构

传统金融机构是金融科技的核心参与力量，主要包括银行、证券基金和保险等主体类型。

当前在数字化转型的浪潮下，全球各国银行、证券、基金、保险机构不断加大数字化转型力度，利用新技术降成本、补短板，开发新产品，探索新商业模式，提升金融服务质效。金融科技被许多金融机构提升至战略高度，并逐步成为金融机构打造核心竞争优势的关键，金融机构布局金融科技的手段主要有加大信息技术投入、调整组织架构、成立科技子公司等。

银行方面，85%的银行将数字化转型作为未来几年的重点业务方向,并在自身战略定位中体现科技成分。[①] 花旗集团首席执行官 Michael Corbat 早在 2014 年就表示:"在许多方面,我们都将自己视为一家拥有银行牌照的科技公司。"高盛董事长兼首席执行官 Lloyd Blankfein 也于 2017 年宣布:"我们是一家科技公司。"在信息技术投入方面[②],全球银行 IT 支出巨大、增速稳定,不同地区均衡发展。根据 Celent 的预测,2019 年全球银行 IT 支出(包括硬件、软件、服务)超过 2700 亿美元,预计 2022 年全球银行 IT 总支出将继续增长至 3090 亿美元。同时,银行积极对标互联网企业和科技企业,制定数字化战略,推进组织架构创新。例如摩根大通采用矩阵式、伞形结构管理信息技术组织架构,打破了传统银行前台和后台、业务和技术部门的分界,将业务人员和技术人员集中在一个办公室工作,促进前后台沟通协作。此外,设立金融科技子公司也成为银行业数字化转型的主要方式之一,例如中国建设银行成立建信金科、中国工商银行成立工银科技等。

证券方面,证券行业信息技术投入不断增长,金融科技已成为券商"核心竞争力"之一。国际领先投行信息技术投入呈现持续上涨趋势,尤其是 2018 年信息技术投入增速达到 12.58%[③]。中国券商 2019 年 IT 投入同比增长 71.36%[④],2020 年预计将再增长 18.97%[⑤]。2019

[①] 数据来源:安永,《2018 年全球银行业展望》。调研对象为 21 个国家和地区的 221 家金融机构。
[②] 数据来源:Celent,中金公司研究部。
[③] 数据来源:华锐研究所。统计对象为摩根大通、花旗银行、瑞银集团、摩根士丹利、道富银行、高盛、贝莱德、嘉信理财、Lazard、Evercore、Greenhill、Moelis&Company 等 12 家国际领先投行的信息技术投入。
[④] 数据来源:中国证券业协会。
[⑤] 数据来源:艾瑞咨询预测数据。

年国内信息技术投入排名第一、第二的券商分别是华泰证券（14.25亿元）和中信证券（6亿元），虽然相比国际前两名的摩根士丹利（153.19亿元）和高盛（81.48亿元）仍有一定差距，但已经开始奋起直追。[1] 在组织架构创新方面，证券设立独立的金融科技部门，统筹金融科技业务，例如南京证券通过设立独立的金融科技部，承担金融科技工作规划和自主软件开发等职责。与银行类似，券商也通过设立科技子公司来开展金融科技业务，例如山西证券成立山证科技[2]；中金公司与腾讯成立合资技术子公司金腾科技[3]。

保险方面，作为传统金融行业的另一重要主体，保险公司纷纷提出数字化转型发展战略。在信息技术投入方面，传统保险公司积极加大保险科技建设投入，2020年全球保险科技股权融资规模井喷，融资总额276.2亿元，创历史新高。[4] 2019年，中国保险机构的科技投入达319亿元，预计2022年将增长到534亿元。[5] 以平安、国寿、太保、人保为代表的大型险企近几年均将"保险＋科技"提到战略高度。在组织架构方面，保险公司也通过成立金融科技子公司，推动保险科技业务，例如中国平安成立了金融科技子公司平安金融壹账通。此外，在业务层面，传统保险公司正从产品设计、定价、销售、核保、售后等环节进行全流程科技转型。

---

[1] 数据来源：各机构年报信息整理，数据单位为人民币。
[2] 山西证券于2020年3月成立山证科技，是全国首家上市券商全资金融科技子公司。
[3] 中金公司与腾讯于2020年6月成立合资技术子公司金腾科技，是证券行业首家合资技术公司。
[4] 数据来源：零壹财经：《2020年全球保险科技投融资简报》。
[5] 数据来源：艾瑞咨询：《中国保险科技行业研究报告2020》。

2. 互联网平台企业

互联网平台企业具有技术、数据、平台和人才优势，正在迅速成长为金融科技行业的核心力量。这类企业通过借助自身用户和流量优势，进行市场拓展，并基于大数据、云计算等领域的技术积累，向金融机构提供技术赋能，助力金融机构数字化转型。例如 Amazon 和 Google、Facebook 等企业正在东南亚、南亚地区快速吸纳金融客户，为客户提供云服务，拓展金融科技布局。

在我国，互联网平台背景的金融科技企业发展迅速，面临较多新挑战。为了更好地符合监管新要求，互联网背景的金融科技企业更加专注于强化自身科技属性，强化对金融行业的科技输出服务，这从互联网公司的"改名浪潮"中可见一斑。例如蚂蚁金服改名为蚂蚁集团，强化自身科技公司定位；京东金融先是更名为京东数科，后于 2021 年 1 月又宣布全面融合京东云与 AI 业务和京东数科的技术服务能力，成立京东科技子公司。

3. 通信企业

通信企业利用海量的用户规模、丰富的通信数据、多元的线下渠道等优势，为公司开拓金融领域的业务奠定基础。通信企业可以分为电信运营商和通信设备商两类。

电信运营商基于自身的低成本获客优势，将支付作为桥梁和入口，布局金融科技细分领域。美国运营商 AT&T、T—mobile 很早就开始布局移动支付领域，中国三大运营商也以支付为切入点，为用户提供金融服务。中国移动旗下的"和包支付"以手机号码为纽带，聚合通讯、支付、金融、会员、信用、证件等多重账户，为用户提供不同的支付场景；中国联通的"沃支付"使得消费者可以通过客户端接受各类民生支付及消费信贷等互联网金融服务。除此以外，运营商还通过成立金融科技子公司等方式推动金融科技业务发展。例如中国电信推出甜橙金融，中国移动成立中移金科，中国联通与招商银行共建招联金融。

通信设备商在政企市场的开拓过程中，积累了大量金融客户，并以此为依托，针对金融行业的数据基础设施需求输出科技服务，协助金融机构构建数据库、数据存储、数据中台等。例如中兴选择了门槛极高的分布式数据库作为金融市场的一大突破口，通过GoldenDB这款分布式数据库核心产品开拓金融市场。

4. 传统IT企业

传统IT企业基于原有的金融客户资源，在原有的金融IT产品的基础上融入新技术，通过为金融客户打造底层IT设施架构、提供硬件产品支撑金融科技转型；同时也为金融客户打造业务中台、数据中台、技术中台，助力金融机构IT架构实现微服务化转型。当前，金融IT企业在为金融机构提供产品和架构的同时，也越来越重视对金融客户的服务。

以传统IT企业中的传统管理软件厂商为例，这类企业从为客户建设ERP起家，积累了大量金融客户。目前金融行业大规模的ERP建设期已经过去，金融行业架构经历了从传统ERP、网络化ERP、云化ERP、行业SaaS，再到平台PaaS的演进。在此过程中，传统管理软件厂商逐渐向云ERP厂商转型。例如用友集团在3.0新时期致力于打造"云服务、软件、金融"三大核心业务，并成立用友金融，提供支付结算、供应链金融、现金管理、企业征信、数据风控等企业金融云业务。2019年用友金融类云服务业务的云服务实现收入32.63亿元，占总营收的38.3%。[①]

另一类典型代表是大型传统IT设备制造商，这类企业实现了从产品提供商向服务运营商的延伸。例如IBM在多次改革和转型中，卖掉了大型机业务，强调从硬件到软件服务，为客户提供IT解决方案服务。当前IBM已经与美国银行等金融机构共同构建金融行业公有云服务生态系统，并准备将此项服务拓展至全球。

5. 垂直行业企业

垂直行业巨头以自身场景优势切入金融科技，依托本行业数字化转型探索金融科技实践。这类企业往往扎根于电力、电商、仓储、交通、物流、汽车等行业，有着十分成熟的业务体系。部分垂直行业企业当前面临业务发展和扩充的瓶颈，正在寻求提升业务效率的方式，因此在近些年开启了以"上云"为核心的数字化转型之路，以提升前端的响应速度、后端的生产效率和应用的智能化水平，从而扩大业务量。

例如苏宁金融基于自营金融业务数据以及苏宁生态体系数据打造智能风控产品，提供了包括知识图谱、小微金融风控模型评分、防黄牛、消费金融反欺诈等在内的数据风控服务，从而提升风控效率。上海通用汽车金融搭建了整车厂、经销商紧密合作的营销一体网络，通过数据分析、数据挖掘等前沿技术，对汽车贷款业务进行全生命周期

---

① 数据来源：根据用友集团2019年年报等公开数据整理。

管理，以提高贷款审批业务办理效率。

6. 初创企业

初创的金融科技企业深耕于更加专业化、差异化、垂直化、数据化、精准化的细分领域，与金融服务碰撞出新的火花。当前新技术与金融行业不断融合，涌现出大批走在时代前端的金融科技新秀公司。这些新秀金融科技公司通常具备强大的吸金能力，聚焦于某一细分领域，创造出让人眼前一亮的新产品和新服务。

例如虎博科技致力于成为"金融界的谷歌"，通过人工智能技术以可视化、结构化方式呈现财经领域关键内容，打破传统搜索20年未变形态，实现了"即搜即结果"。

（三）金融科技产业的监管与公共服务机构

当前各国监管机构、研究机构和行业协会正广泛与金融机构、科技企业合作，培育金融科技领域的创新活动。各国政府通过出台政策，规范并促进金融科技行业的发展，为提升金融领域的国家竞争优势提供制度保障。各国行业协会和研究机构积极配合监管部门开展政策研究、考察调研、活动对接和专业培训，帮助金融科技产业的市场主体更好地应对机遇与挑战。

1. 相关监管机构

金融科技的快速发展离不开包容审慎的监管环境。金融科技的监管机构包括金融行业监管机构和信息通信技术（ICT）领域监管机构、反垄断监管机构等。

金融行业监管机构在加强金融科技行业监管、促进国际监管交流与合作、推进金融科技创新和金融体系健康发展等方面起到重要作用。各国金融监管部门主要通过制定出台顶层规划、建立监管规则体系、开展监管沙盒试点、强化监管科技运用等方式强化对金融科技行业的监管，营造良性政策环境。

在出台顶层规划方面，中国、美国[①]、新加坡[②]、欧盟[③]等国家和地区的监管机构将金融科技发展作为提升国家竞争力的重要手段。例如中国人民银行出台《金融科技（FinTech）发展规划（2019—2021年）》，明确了金融科技的顶层监管设计；中国银保监会于2020年规定将按照金融科技的金融属性，把所有的金融活动纳入到统一的监管范围。

在建立监管体系方面，各国监管部门通过建立包容审慎的监管框架，力争实现规范和发展并重。例如美国政府鼓励金融创新，提供"定制"监管框架。

在监管沙盒试点方面，英国率先开展金融科技监管沙盒试点，新加坡在监管沙盒的基础上迭代推出"快捷沙盒"。中国人民银行也于

[①] 2017年1月，美国白宫国家经济委员会就发布了美国金融科技监管框架白皮书"A Framework for FinTech"，明确将金融科技发展作为提升国家竞争力的重要手段，表示政府将积极为金融创新保驾护航。

[②] 2015年8月，新加坡政府投入2.25亿新元推动《金融领域科技和创新计划（Financial Sector Technology & Innovation Scheme, FSTI）》，这是一项国家层面的顶层规划，用以鼓励全球金融业在新加坡建立创新和研发中心。

[③] 2018年3月，欧洲银行业管理局发布金融科技路线图，欧盟委员会发布金融科技行动计划。

2019年12月在北京市启动金融科技创新监管试点，提出建立刚柔并济、富有弹性的创新试错容错机制，打造符合国情的中国版"监管沙箱"。

在监管科技运用方面，英国首先提出监管科技发展思路，美国国际开发署（USAID）创新打造 R^2A 项目[①]探索监管科技。中国在监管科技运用方面也持续发力，例如中国证监会借助卫星定位数据，利用大数据＋人工智能精准分析能力，查处上市公司獐子岛虚构实际采捕面积，并据此认定獐子岛公司成本、营业外支出、利润等存在造假行为。

其他监管机构包括信息通信技术（ICT）领域监管机构、反垄断监管机构等。信息通信领域监管机构例如美国联邦通信委员会（FCC）、欧洲电子通信管理机构（BEREC）、中国工信部和网信办，反垄断监管机构例如美国司法部、欧盟委员会、国家市场监督管理总局（中国）等。这些监管机构将与金融监管机构合作，联合打击金融科技违法垄断行为，协同促进金融科技行业发展。例如在促进产业发展措施方面，中国工信部及相关部委为鼓励通过金融科技赋能产融合作，强化产业与金融信息交流共享方面，出台《关于进一步强化中小微企业金融服务的指导意见》及《同意北京市朝阳区等51个城市（区）列为国家产融合作试点城市的通知》等政策文件，推动金融科技在商业银行贷款审核、产融合作等方面的深入应用。在金融科技反垄断方面，中国国家市场监督管理总局于 2020 年 11 月出台《关于平台

---

① 在2016年，USAID退出了 Regtech for Regulators Accelerators（R^2A），以开创下一代数字监管工具和技术，主要目的是为金融监管部门配备更好的数字工具，以有效地、包容地监督金融机构。

经济领域的反垄断指南（征求意见稿）》，预防和制止互联网平台经济领域垄断行为。海外金融科技反垄断的执法力度也不断加强，例如欧盟于2020年12月发布了针对反竞争行为的《数字服务法》和《数字市场法》草案，严格限制跨国科技巨头的垄断和不正当行为。

2. 公共服务机构

行业协会和研究机构作为金融科技产业的公共服务机构，是金融科技产业发展的重要支撑力量。

金融科技领域的行业协会主要有以下四个作用。一是作为金融科技行业自律组织，制定并执行行规行约，协调企业之间的经营行为。二是推动金融科技相关标准制定，为金融科技企业发展提供指导和参照。三是推动金融科技行业交流，促进金融科技应用成果经验分享。例如新加坡金融科技协会（SFA）通过举办新加坡金融科技节，颁授新加坡金融科技奖等方式推动金融科技的成果展示和经验推广。四是组织金融科技人才培养培训，为金融科技行业构建高质量人才体系。例如中国银行业协会在建行大学、中国信息通信研究院等单位的支持下，共同发起了中国银行业金融科技师（CFT）认证项目，旨在打造高质量的中国金融科技复合人才梯队。

金融科技领域的研究机构主要扮演以下三个角色。一是研究金融科技产业现状、趋势研究，发布研究成果。例如中国信息通信研究院金融科技研究中心2018—2020年连续三年发布《中国金融科技生态白皮书》，全方位梳理金融科技产业发展生态及现状。二是进行金融科技行业调研，分析行业发展情况和难点痛点，提出行业发展建议。例如德勤、普华永道等机构每年都会发布金融科技相关调研报告。三是开展政策研究,支撑政府决策。例如美国布鲁金斯学会①将"人工智能与新兴技术"作为三个重点政策研究领域之一,向美国政策制定者介绍改善创新现状所需采取的行动,并加强公众及传媒对科技创新的认识。

---

① 美国布鲁金斯学会是一个世界级的非营利公共政策研究组织。目前,人工智能与新兴技术等相关科技政策研究受到了布鲁金斯学会高层的高度重视。布鲁金斯学会的学者们正在探索的主题有:人工智能和新兴技术将如何影响就业、生产率和经济增长;研究算法偏差及其消除方法;新兴技术如何为改善社会和经济包容性起到相应作用;人工智能对能源行业的影响;人工智能和其他技术在发展智能城市和改善政府服务方面的作用。

三

金融科技的"擒龙之技"

随着 AI 交易逐步替代人工操作,华尔街众多金融机构交易员正面临自身待遇的大幅下调。高盛于 2019 年 10 月明确表示仅将营收的 35% 用于员工薪酬和福利,大量的资金和资源将投向 AI 交易与智能技术研发。与此同时,其他华尔街金融机构也纷纷效仿,如花旗裁减数百位交易员将资金投入 AI 技术研发;摩根大通则宣布投资 114 亿美元研发全球股票交易机器人等。金融巨头们纷纷积极探索应用云计算、大数据、区块链、人工智能、5G 等新兴技术赋能金融,通过取代传统手工模式,有效提高金融获客能力、风险管理能力,降低企业运营成本以创造更高回报率,金融科技迎来历史新拐点。

本章将结合云计算、大数据、区块链、人工智能、5G、密码等新兴技术的基本原理,重点介绍其在金融领域的应用价值和应用现状。

（一）云计算——金融行业的"上云之路"

说起云计算，它距离我们其实并不遥远。2020年初，为抗击新冠肺炎疫情，火神山医院、雷神山医院相继开工建设，并在10天内交付使用，两座智慧医院建设背后集中体现了云计算等现代信息技术与"中国建造"的有机结合。火神山医院信息系统共有5大类17个系统之多，若采用传统方式，搭建本地机房、调测再到使用最少需要10天时间，通过云化部署，中国电信仅用12个小时就建设完成，云计算的使用在危急时刻为抗疫赢得了宝贵时间。

1. 云计算的基本原理

根据定义[①]，云计算是由一个可配置的共享资源池组成，该资源池可提供网络、服务器、存储、应用软件和服务等多种硬件和软件资源，具备自我管理能力，用户只需少量参与就可按需获取资源。此外，云计算还是一种以数据和处理能力为中心的密集型计算模式，它融合了多项信息通信技术，是传统技术"平滑演进"的产物。

综上，我们可以总结出"云"所具备的四个核心特征。一是宽带网络连接，"云"不在用户本地，用户要通过宽带网络接入"云"中并使用服务，"云"内节点之间也通过内部的高速网络相连；二是对ICT

---

① 美国国家标准与技术研究院（National Institute of Standards and Technology，NIST）：直属美国商务部，提供标准、标准参考数据及有关服务，在国际上享有较高声誉。

资源的共享,"云"内的 ICT 资源并不为某一用户所专有;三是快速、按需、弹性的服务,用户可以按照实际需求迅速获取或释放资源,并可以根据需求对资源进行动态扩展;四是服务可测量,服务提供者按照用户对资源的使用量进行计费。

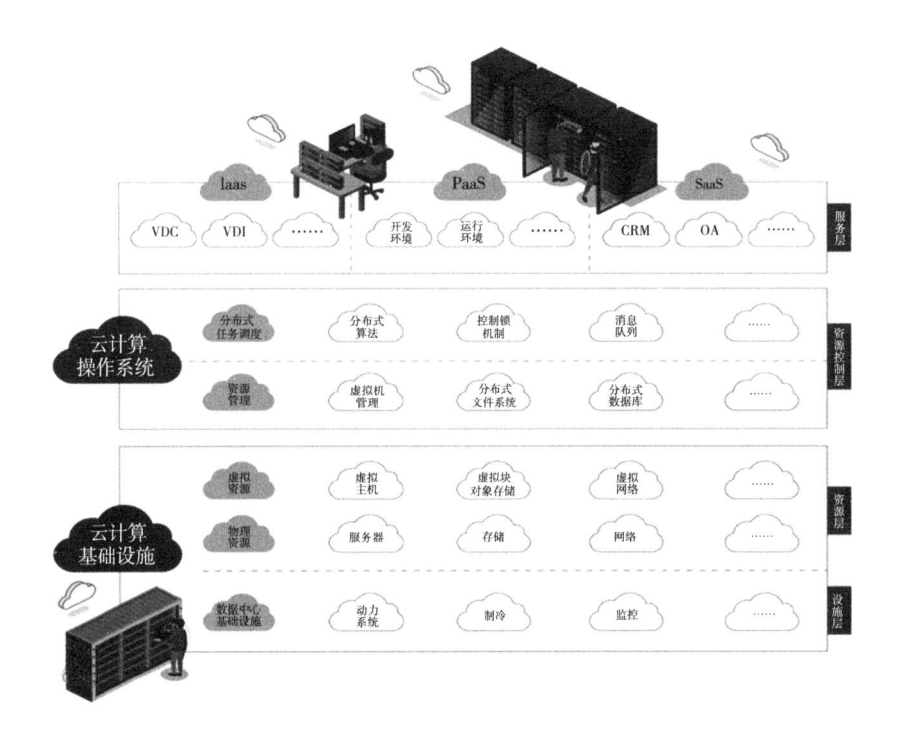

图3—1 云计算技术架构①

按照云计算服务提供的资源所在层次,云计算可以分为 IaaS(基础设施即服务)、PaaS(平台即服务)和 SaaS(软件即服务)等。随着云计算技术不断推陈出新,云化不仅是基础设施和平台的变化,应用也需要做出改变。以容器、微服务、DevOps 为代表的云原生技术,

---

① 图片来源:中国信息通信研究院。

受到广泛关注，应用上云成为趋势。从技术特征来看，云原生技术架构具备极致的弹性能力，服务自治和故障自愈能力，大规模可复制能力，可实现跨区域、跨平台甚至跨服务商的规模化复制部署能力。

2. 云计算在金融领域的应用价值

(1) 有效降低金融机构 IT 成本

性能上，云计算通过虚拟化技术将物理 IT 设备虚拟成 IT 能力资源池，以整个资源池的能力来满足金融机构算力和存储的需求。在物理设备上，云计算采用 X86 服务器和磁盘阵列作为基础设施。此外，通过云操作系统可实现 IT 设备负载均衡，提高单位 IT 设备使用效率，降低单位信息化成本。因此，在 IT 性能相同情况下，云计算架构的性价比远高于以大型机和小型机作为基础设施的传统金融架构。

(2) 具有高可靠性和高可扩展性

传统金融架构强调稳定性，扩展能力相对较差。在基础资源上，大型机或小型机只能纵向扩展提升能力（scale－up），不能实现更加灵活的横向扩展（scale－out）。因此，随着业务需求增加，服务器越来越大，且交付时间越来越长。传统应用架构强调单体应用，数据库强调数据强一致性，可扩展性差。在可靠性上，云计算可以通过数据多副本容错、计算节点同构可互换等措施，有效保障金融企业服务的可靠性。在可扩展性上，云计算支持通过添加服务器和存储等 IT 设备实现性能提升，满足金融企业应用规模提升和用户高速增长的需求。

(3) 运维自动化程度较高

目前，主流的云计算操作系统都设有监控模块。云计算操作系统通过统一的平台管理金融企业内服务器、存储和网络设备。通过设备的集中管控，可以显著提升企业对IT设备的管理能力，有助于实现精益管理。此外，通过标签技术可以精准定位出现故障的物理设备。通过现场设备更换可以快速实现故障排除。传统金融架构下，若设备发生故障，基本每次都需要联系厂家进行维修，缺少自主维护能力。

（4）为大数据和人工智能提供支撑

云计算技术可帮助金融机构通过统一平台，承载或管理内部所有的信息系统，消除信息孤岛。此外，信息系统的联通可以将保存在各系统的数据集中到一起，形成"数据仓库"，从而实现内部数据的集中化管理。如果说大数据是金矿，金融云则可被看作矿井。矿井的安全性、可靠性直接决定了金矿的开采效率。此外，云计算还为大数据和人工智能技术提供了便利且可扩展的算力和存储能力。

3. 云计算在金融领域的应用现状

（1）国家政策鼓励支持云计算在金融领域的应用推广

随着云计算技术逐步成熟，其应用优势也进一步显现。早在2015年，国务院发布《关于积极推进"互联网+"行动的指导意见》，明确鼓励金融机构探索利用云平台开展业务，为金融云发展奠定了基调。2016年，银保监会发文要求[①]，到2020年银行面向互联网场景的信息系统全面迁移到云平台，其他系统迁移比例不低于60%。2018年，银监会牵头16家金融机构成立金融云服务公司——融联易云，成为银行业共谋云计算的试验田。同年，中国人民银行出台了三项关于金融云

---

① 银保监会：《中国银行业信息科技"十三五"发展规划监管指导意见》，银保监会官网2016年7月25日。

的行业标准，规范金融云业务发展，在政策引导下，云计算在金融行业应用不断深化。

（2）从外围系统向内迁移成为金融云的普遍实施路径

目前，金融机构使用云计算技术通常采取从外围系统开始逐步向内迁移的实施路径。在部署顺序上，优先部署开发测试环境，其次部署生产环境。互联网金融、辅助性业务优先使用云计算架构，强一致性核心业务最后考虑上云。由于辅助性业务系统安全等级较低，一旦出现系统问题也不会产生巨大的业务风险。因此，金融机构普遍从渠道类系统、客户营销类系统和经营管理类等辅助性系统尝试使用云计算，从而提高系统的灵活性，减少运营成本，提升客户体验。

按部署方式，当前80%的金融机构采用私有云部署方式[①]，在私有云运行核心业务系统，存储重要敏感数据。在公有云上，运行面向互联网的营销管理类系统和渠道类系统。由于金融行业不同细分领域在监管要求和业务需求上存在显著区别，金融云在行业应用时产生了不同侧重。

银行业对云服务的稳定性和灾备能力有较高要求，是金融云的主要应用机构。随着互联网渠道迅速发展，网上银行、手机银行、直销银行等成为新兴渠道，银行核心系统外围系统不断横向拓展，总线压力巨大。因此，安全稳定是银行业金融机构选择云计算部署模式和云计算产品的首要考虑。

证券基金业对交易系统的响应时延要求苛刻，系统上云不能显著影响交易速度。由于受行情影响，证券基金业系统波动大，业务数据

---

① 数据来源：中国信息通信研究院。

变化快速，需要实时监控系统压力及业务变化状况。因此，云计算部署模式能够实现动态扩容，资源按需分配、弹性伸缩，并能实现实时监控系统压力及业务变化状况对证券基金行业尤为重要。同时，证券交易系统在数据库、操作系统和小型机等方面对传统部署方式依赖较大，上云推进相对较慢。

除安全、可靠和合规要求外，保险业更多的是利用容器、微服务等新技术手段保证业务快速开发迭代，重视开发运维一体化模式。随着移动服务推广，互联网保险数量增加，对其产品的上线开发与迭代提出了更高要求。同时，保险领域对云计算的部署模式较为灵活，私有云、行业云、公有云均有涉及。

（3）云原生技术成为带动金融业基础设施转型的新引擎

此外，随着云计算发展进入成熟期，云计算拐点已至，云原生技术重构金融行业IT运维和开发模式。在金融业务的快速开发与迭代背景下，其金融IT系统面临灵活的金融产品与服务、海量客户与交易、高并发和高性能、数据和服务的可伸缩性、低成本资源调度等较多问题。以容器编排、微服务技术、无服务器架构为代表的云原生技术，实现了从运维工具到IT开发和部署模式的技术重构。

云原生成为驱动金融数字基础设施建设的重要引擎。金融业历来是强监管、重安全、复杂度高的行业，随着金融科技的广泛应用，监管部门对金融IT系统的建设和运维也提出了更为严格的要求。云原生应用PaaS平台和容器技术，可将大规模金融级运维能力与渐进式的云原生架构转型方案相结合，利用微服务技术（包括高性能分布式服务框架、微服务治理中心、Service Mesh等解决方案）帮助金融机构实现高可伸缩性和高容错性，满足大规模部署下的性能要求。通过DevOps 云原生技术，可有效解决金融业务运维服务的自动化、定制化及灵活的流程调度编排需求，提高研发效率，云原生为金融行业带来了更多可能性。

（二）区块链——构建金融业"信任机器"

"区块链"一词最早源自对"chain of blocks"的直译。区块链技术作为比特币的底层技术，伴随着数字货币的兴起被大众所熟知。但是，区块链并非比特币的附属，其去中心化、不可篡改、匿名性等特点，逐步在金融领域显现出巨大价值，促进其从幕后走向台前。

1. 区块链的基本原理

区块链是一种由多方共同维护，使用密码学保证传输和访问安全，能够实现数据一致存储、难以篡改、防止抵赖的记账技术，也称为分布式账本技术。近十几年来，区块链技术不断升级，业界将其演进发展历程分为三个阶段：区块链 1.0 以比特币为典型应用，实现了数字货币的发行和流通，功能相对单一；区块链 2.0 以智能合约的应用为主，通过智能合约推动多业务系统间的协作，扩展了区块链应用领域；区块链 3.0 将实现与物联网、云计算等技术的融合发展，试图在大规模协作领域提高行业的运行效率和管理水平。以上三个阶段并非依次实现，而是共同发展，相互促进。

区块链有三种不同的应用模式，其优势各有不同，可供不同场景选择使用。其中，公有链是指任何人都可以随时参与到系统中读取数据、发起交易的区块链，典型代表应用为比特币；联盟链是指若干个机构共同参与管理的区块链；私有链则是将所有参与节点严格控制在特定机构的区块链。

区块链技术具备三大"技术特性"：一是自校验设计，区块链数据结构必须支持自校验性，任何一条记录被人为修改后，都可通过历史区块回溯实现快速检验；二是独立分布式，区块链基于共识协议和对等网络进行通信和数据互换，各节点独立存储着相同的区块数据，并可根据本节点存储的数据独立开展计算工作，得出计算结果（智能合约运行）；三是分权共治，由多方参与者共同管理和维护区块链数据，每个参与方通过技术上平等的记账权和算法约束下一致性数据的所有权，均拥有参与管理系统的基础能力，并在实际系统运作中对执行过程和数据开展共同维护，实现共同治理。

2. 区块链在金融领域的应用价值

金融的本质是经营信用，大多数场景下，交易信用的建立基本依托于包括金融机构在内的第三方中介机构。但是，随着金融业务跨界经营发展，为传统中心化风险管理和监管模式带来挑战。

区块链的出现，使很多传统互联网中因信任粒度或信任成本问题而难以进行线上融合的场景有了融合创新的可能。对于已实现的金融场景来说，区块链提供了将其"信任基础"由线下高成本到线上低成本的转移方案，在降低信用成本的同时，区块链多方共享的特性也强化了参与方之间的连接与协作，提升了价值交换效率。同时，区块链为依托于信任的广泛金融业务场景提供了创新的基础，也使未来跨行业融合的商业模式创新成为了可能。具体来说，区块链在金融领域的价值体现在如下几个方面：

（1）重构信用创造机制

区块链技术实现了信用创造机制的重构。在金融交易系统中，通过算法为人们创造信用，从而达成共识。交易双方无需了解对方基本信息，也无需借助第三方机构的担保，可直接进行可信任的价值交换。区块链的技术特性保证了系统内部价值交换过程中的行为记录、传输、存储的结果都是可信的，记录的信息一旦生成将很难被篡改。同时，其信息溯源能力使业务中交易信息、资金来源、资产信息等数据都一一可追溯、清晰透明，区块链技术大幅度提升了交易双方间的信任度。

（2）提升效率降低成本

区块链防篡改特性为金融应用提供了天然的信任基础，保证了从区块链中获取数据的有效性，跨多机构的业务场景中降低了传统业务依赖中介的信用成本。区块链技术实现了任意两个节点可直接进行点对点交易，大幅降低信息传递过程中出现错误的可能，提升信息传输效率，降低了交易成本。区块链技术实现了交易即结算，大幅度提高了金融结算的效率。区块链通过分布式网络结构，将信息储存于全网中的每个节点，单个节点信息缺失不影响其余节点正常运转，同时其防篡改、高透明的特性，保证了每个数据节点内容的真实完整，实现了系统的可追责性，降低了金融监管成本。

（3）实现个人隐私保护

随着金融业务与信息技术的不断融合，用户身份识别和安全认证成为金融业务开展过程中面临的重要问题。区块链技术通过基于节点的授权机制，将私密性和匿名性植入到用户控制的隐私权限设计中，只有授权节点才有相应权限查阅和修改有关数据信息，因此区块链技术对于完善用户个人信息保护制度，保证个人财产状况、信用状况等私密信息安全具有重要应用价值。

3. 区块链在金融领域的应用现状

在政策利好与行业推动的双向加持下，各地都在积极落地区块链应用场景，区块链的落地应用正呈现爆发增长的态势，金融是区块链技术应用场景中探索最多的领域，区块链逐渐在供应链金融、跨境支付、数字票据、资金管理等细分领域应用落地。银行、保险、证券行业也积极利用其技术优势纷纷布局落地区块链项目。据信通院数据统计，其涉及的部分应用领域如下表所示。

表3—1 金融企业区块链落地应用领域（部分）[①]

	基础平台	资金管理	供应链金融	贸易融资	支付清算	数字资产			延伸领域				
						ABS	票据	其他	数字存证	溯源	住房租赁	数字发票	电子证照
工商银行	✓	✓	✓	✓		✓	✓		✓	✓			
农业银行			✓										
中国银行		✓			✓	✓	✓						
建设银行		✓	✓								✓		
交通银行					✓								
邮储银行			✓	✓									
招商银行				✓	✓							✓	
平安银行	✓		✓	✓				✓					✓
浦发银行							✓		✓				
度小满	✓					✓		✓					

① 数据来源：中国信息通信研究院：《区块链金融应用发展白皮书》。

续 表

	基础平台	资金管理	供应链金融	贸易融资	支付清算	数字资产			延伸领域				
						ABS	票据	其他	数字存证	溯源	住房租赁	数字发票	电子证照
蚂蚁金服	✓				✓	✓			✓	✓			
微众银行	✓		✓	✓					✓			✓	
京东数科	✓		✓		✓				✓	✓			

金融机构纷纷探索"区块链+金融"新场景。随着国家政策对区块链的倾斜与各领域应用的落地，区块链在金融领域应用场景的探索逐渐得到各方的重视。据公开数据显示，2020年Q1—Q3，中国有482家公司参与金融科技专利申请，专利数量为1952件，其中有267家公司参与了区块链专利申请，专利数量合计1106件，申请的区块链金融科技专利数量和公司数量均超过AI、云计算、大数据等其他新兴技术。从专利申请情况来看，中国金融科技专利主要以区块链技术为核心。传统金融机构自2017年开始大规模布局区块链领域，如民生银行与中信银行于2017年7月合作推出首个国内信用证区块链应用，招商银行直联清算系统的落地应用，中国平安集团资产交易和征信两大区块链应用场景的上线等，各金融机构积极布局落地区块链相关项目，探索"区块链+金融"新场景。

（1）供应链金融成为金融区块链应用重点场景

多级供应商在传统供应链金融模式下面临融资难问题，其原因主要源于双方信息不对称、信用无法传递、支付结算不能自动按约定完成、商票不能拆分支付以及整张背书转让的场景缺乏等。对于多方参与的供应链金融，区块链依托分布式账本、加密账本结构、智能合约等核心技术，为解决以上问题提供了很好的方案。区块链将分类账上的货物转移登记为交易，以确定与生产链管理相关的各参与方以及产品产地、日期、价格、质量和其他相关信息。任何一方都不会拥有分类账的所有权，也不可能为牟取私利而操控数据，加上交易进行过加密，并具有不可改变的性质，所以分类账不会受到损害。此外，基于区块链技术的供应链金融业务将能大幅减少人工的介入，将目前通过纸质作业的程序数字化。所有参与方都能使用一个去中心化的账本分享文件并在达到预定的时间和结果时自动进行支付，极大地提高了效率并减少了人工交易可能造成的失误。以浙商银行为例，其推出了业内首个基于区块链技术的企业应收款链平台，利用区块链技术将传统业务中对资产负债表、现金流量表和利润表的审查，转变为对商流、资金流、物流和信息流的审查和把控，实现了贸易真实场景下的多级信用穿透，有效缓解传统供应链金融真实性审核难度大问题。

(2) 跨境支付成为银行应用区块链技术的主要发力点

大规模跨境贸易一方面促进了各国经济的快速流通与协作，使资源在全球范围得到优化配置；另一方面，随着跨境支付结算效率不断提升，出口企业也出现了大量海外应收账款、坏账等问题。如何在跨境支付过程中有效降低结算风险，节省支付成本，已成为国际贸易中的一个重要问题。区块链是分布式数据存储、点对点传输、信任共识算法、加密算法等技术的集成创新，具有泛中心化、信任共识、信息不可篡改、开放性等特征，适合应用于交易双方需要高度互信的业务情形中。构建基于区块链的跨境支付模式，能够大大降低跨境支付的风险，提高跨境支付的效率，节省跨境支付的成本。国内金融机构中，招商银行落地了国内首个区块链跨境支付应用；中国银联利用区块链打造了区块链支付系统；汇丰银行、民生银行等也在积极推进中。

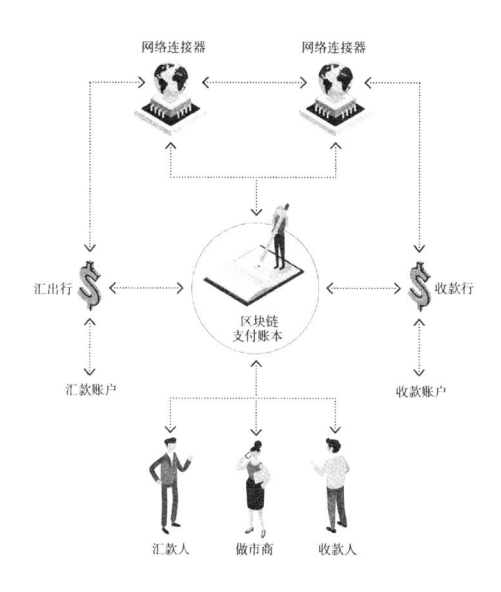

图3—2 基于区块链的跨境支付结算模式

（3）基于区块链技术的资产证券化业务成行业关注热点

资产证券化产品具有参与主体多、交易结构复杂、操作环节繁琐、数据传输链长等特征，在传统业务流程和数据处理上存在诸多局限性，但其最显著的问题是难以确保底层资产的真实性。由于参与链条主体众多，操作环节多不透明，存在信息不对称等，资产证券化业务存在风险难以把控，各方数据流转效率低、资产真实性及准确性存疑等问题。而区块链独有的去中心化、共识、不可篡改等特性，有效增加了数据流转的效率，降低了操作及合规成本，通过实时监控资产的真实情况，提升了交易链条各方对底层资产的信任度。目前，国内多家金融机构以及部分科技企业纷纷积极推动基于区块链技术的资产证券化业务。区块链技术在资产证券化业务中的应用，为监管层有效监控金融杠杆，预防系统性风险，资金方了解底层资产以及第三方中介实时掌控资产违约风险等提供了便利。

（三）大数据——数字金融发展"新引擎"

相信不少人都有过如下体验，当我们逛电商平台、刷视频、浏览网页时，页面推送的信息恰好是自己最近感兴趣的内容，这是后台通过分析用户日常浏览习惯，以大数据手段进行数据筛选，从而实现信息的精准投放。对于金融行业来说，大数据是一种全新的思维方式和商业模式。基于大数据分析技术，金融机构可以根据用户的社会属性、生活习惯和消费行为等信息而抽象出一个个标签化的用户模型，刻画出独特的"用户画像"，并以此来开展相关业务，实现精准营销，提升金融获客能力。

图3—3 基于大数据的"用户画像"[①]

---

① 图片来源：中国银行大数据应用平台。

1. 大数据的基本原理

大数据的概念于 2011 年首次出现，是指大小超出了常规数据库工具获取、储存、管理和分析能力的数据集。其本质在于通过获取、存储、分析等一系列的行为，针对海量数据进行挖掘从而获取价值。

大数据来源于海量用户群体的多次行为数据，是庞大的数据集合。其意义不仅仅在于掌握巨量的数据信息，更在于对有价值的数据进行专业化的处理。大数据的技术特征可概括为 5V，即 Volume（海量）、Velocity（高速）、Variety（多样）、Value（低价值密度）和 Veracity（真实）。

海量是大数据最为明显的特征之一，大数据的起始计量单位至少是 P（1000 个 T）、E（100 万个 T）或 Z（10 亿万个 T），大数据采集、存储和计算的量都非常之大，1 秒内处理 1PB 的数据为高速。大数据的另一个特点在于其具有时效性，数据处理需要快速且及时，通过数据处理，实现从不同类型的数据中快速获取高价值的信息。数据的类型多种多样，可分为结构化、半结构化和非结构化数据，其具体表现为数字（如价格、交易数据等）、文本、图像、音频、视频、位置信息等。大数据具有内在价值，但是其价值密度较低，如同沙里淘金。如通过监控视频寻找犯罪分子时，1 小时的视频中有用的信息可能仅仅只有 1~2 秒，因此，大数据时代亟待解决的一大难点就是如何结合实际业务逻辑并依托强大的算法能力来挖掘出数据的真正价值。真实性是大数据的又一大特征，大数据的内容往往与真实世界中发生的种种息息相关，需要保证数据的准确性和可信赖性，从而研究如何利用大数据技术从巨量网络数据中提取能解释并预测现实事件的有价值信息。

2. 大数据在金融领域的应用价值

大数据技术的应用提升了金融行业的资源配置效率，强化了其风险管控能力，有效促进了金融业务的创新发展，在银行业、证券行业、保险行业、支付清算行业和互联网金融行业都得到了广泛的应用。大数据在银行业中的应用多集中在信贷风险评估和供应链金融风险控制等方面，在证券业的应用主要涉及股市行情预测和股价预测等，在保险业的应用包括骗保识别和风险定价。具体来说，在金融领域的价值体现在如下几个方面：

（1）提升金融市场决策效率

大数据分析帮助金融机构实现以事实为中心的经营方法。通过以数据为基础，逐步助力金融机构从静态的现象分析和预测，过渡到针对场景提供动态化的决策建议，从而更精准地对市场变化作出反应。

（2）助力实现精准营销服务

在互联网模式的冲击下，金融业的运作模式正面临着巨大的变革与挑战。随着行业竞争的日益激烈，基于数据的精细化运营需求和产品创新需求日益迫切。大数据可以帮助金融机构更好地识别客户需求，打造良好客户体验，提升综合竞争力。

（3）促进产品服务创新升级

借助大数据技术，金融机构能获得更为立体和完善的客户画像，及时了解客户已有的诉求并挖掘其潜在需求，并推出与之相对应的产品和服务。此外，大数据技术能够实时追踪信息的变动情况，及时更新客户画像，提升金融机构产品更新迭代速率。

（4）增强数据风控管理能力

通过大数据技术，金融机构可以将与客户有关的数据信息进行全量汇聚分析，通过识别可疑信息和违规性操作，强化对风险的预判和防控能力，可基于更少的风控人员投入实现更为高效可靠的风控管理。

3. 大数据在金融领域的应用现状

（1）数据分析能力成金融业核心竞争因素

在全球数字化转型的热潮之中，金融行业一马当先。金融机构具有庞大的客户群体，企业级数据仓库存储了覆盖客户、账户、产品、交易等大量的结构化数据，以及海量的语音、图像、视频等非结构化数据。这些数据背后都蕴藏了诸如客户偏好、社会关系、消费习惯等丰富全面的信息资源，成为金融行业数据应用的重要基础。

随着金融业务与大数据技术的深度融合，数据价值不断被发现，有效促进了业务效率的提升、金融风险的防范、金融机构商业模式的创新以及金融科技模式下的市场监管。目前，金融大数据已在交易欺诈识别、精准营销、黑产防范、信贷风险评估、股市行情预测等多领域的具体业务中得到广泛应用。大数据的应用分析能力，正在成为金融机构未来发展的核心竞争要素。

（2）打造数据中台成为金融行业共识

当前，打造中台能力已成为金融行业共识。半数金融机构正在考虑建设中台，90%金融机构认为未来两至三年会建设中台。金融行业信息化建设向数据驱动演进，中台是必经之路。金融机构建设中台将有利于其链接用户和自身核心资源，解决客户数据和业务数据分散、信息无法共享、系统建设重复、数据孤岛等长期存在的问题，以更好地为前台客户提供一站式、定制化的金融服务。建设中台的价值是将数据资产化、业务标准化、模块化，以实现不同体系数据的打通，从而更好地夯实底层应用基础。

随着中台理念的逐步深入，相比传统 ERP、CRM、HRM 等系统，中台的数据整合、技术共用、业务共享的高效联动机制，正在改变金融机构的 IT 管理体系，同时也逐步影响金融机构未来软件服务选择。目前，在金融机构数字化转型驱动下，更加通用型、智能化、应用广泛的中台技术越来越受到青睐。

(3) 实时计算成金融大数据应用关注重点

金融机构的业务要求大数据平台具有实时计算的能力。目前，金融机构最常使用的大数据应用场景为精准营销、实时风控、交易预警和反欺诈等，这些业务都需要实时计算的支撑。大数据分析平台可以对金融企业已有客户和部分优质潜在客户进行覆盖，对客户进行画像和实时动态监控，用以构建主动、高效、智能的营销和风险管控体系。

为切实做到数据驱动，金融机构需要定制化的技术平台。首先，金融机构要进行顶层设计，把技术和业务结合起来，将技术应用在企业价值链的每个场景上。其次，金融机构内需要大规模的系统改造。为实现数据的汇聚，需要将原来存储在上百个信息系统上的数据进行整合，重新设计并搭建数据采集、存储、传输的架构。最后，金融大数据需要更加完善的安全保障措施。金融数据的泄露、篡改可能造成系统性金融风险，甚至危及社会稳定，如用于金融交易的用户鉴别与支付授权信息需要全流程加密。

(4) 隐私计算助力金融业数据安全治理

金融业数据具备体量大、敏感性高、场景多维等特征，长期以来金融行业的数据治理存在着信任、安全、监管等多重要求，通过隐私计算技术，可在不泄露数据隐私的前提下进行联合比对分析，依托全量样本数据对用户进行深度画像。目前，隐私计算仍处于启动期。可以预见，未来隐私计算将成为释放金融行业数据价值的关键技术，在更多细分金融场景下迎来落地应用。例如，银行对小微企业授信过程中，隐私计算中的匿名追踪查询可以保证银行查询外部数据时，避免企业用户敏感信息被缓存。在基金管理中，母基金需要计算每只基金的真实收益情况，而基金的持仓信息代表了基金的价值判断和策略导向，属于核心机密，通过隐私计算，不仅能够在保密的前提下满足双方利益诉求，而且可以将部分非密信息标签作为监管补充，从而起到防范系统性风险的作用。

（四）人工智能——为金融插上"智慧翅膀"

提到人工智能，大家首先想到的也许是大战天才棋手柯洁的谷歌阿尔法狗，又或者是电影中为主人冲泡咖啡的机器人管家。但人工智能的概念绝不仅仅只是智能算法和机器人。

1. 人工智能的基本原理

人工智能可以理解为用机器不断感知、模拟人类的思维过程，使机器达到甚至超越人类的智能。通常认为，人工智能应用具有自学习、自组织、自适应、自行动的特点，有近似生物智能的效果。[①] 人工智

---

① 资料来源：中国信息通信研究院。

能综合了计算机科学、生物学、心理学、语言学、数学、哲学等学科知识，使用机器代替人类实现认知、识别、分析、决策等功能，其本质是对人的意识与思维的信息处理过程的模拟。

人工智能的技术架构层级可分为基础层、技术层和应用层。

基础层：由数据资源、软件设施和硬件设施组成。主要以硬件设施为核心，其中包括 GPU/FPGA 等用于性能加速的硬件、神经网络芯片、传感器与中间件。软件设施为人工智能应用的构建提供云计算与大数据平台。这些是支撑人工智能应用的前提。

技术层：主要依托基础层的硬件、软件平台和数据资源，通过机器学习基础框架与核心算法，开发面向不同领域的通用技术，如计算机视觉、自然语言处理、人机交互等。

应用层：主要基于基础层与技术层的支撑搭建智能应用平台，从而实现与传统产业的融合，实现不同场景的应用，如智能金融、智能教育、智能医疗、智能交通等。

人工智能与传统金融产业链的融合主要分为三阶段。

第一阶段是科技赋能阶段，该阶段强调应用场景，将其他领域成熟的人工智能技术平行向金融领域应用迁移，提升某些环节业务效率；第二阶段是科技增能阶段，该阶段强调模型应用，由于模型直接应用会带来合规风险，因此该阶段会产生大量第三方专业服务，金融行业意识到人工智能特点及优势，主动在业务环节中应用人工智能，引发业务方式深刻变革及效率极大提升；第三阶段是科技产能阶段，以价值应用为主要特点，金融核心业务将人工智能化，人工智能成为金融核心价值创造手段，同时伴随监管效率和监管措施智能化。

我们常说的"智能金融"是人工智能与金融的全面融合，是以人工智能等高科技为核心要素，全面赋能金融机构，提升金融机构的服务效率，拓展金融服务的广度和深度，实现金融服务的智能化、个性化和定制化。

图3—4 人工智能通用技术架构①

应用层：
- 智能应用：智能金融、智能教育、智能医疗、智能交通
- 应用平台：智能操作系统

技术层：
- 通用技术：计算机视觉、自然语言处理、人机交互
- 核心算法：深度学习、迁移学习、增强学习、对抗学习
- 基础框架：机器学习框架

基础层：
- 数据资源：通用数据、行业数据
- 软件设施：云平台、大数据平台
- 硬件设施：GPU/FPGA等加速硬件、智能芯片

2. 人工智能在金融领域的应用价值

（1）人工智能技术进一步提升金融行业的数据处理能力与效率

金融行业在不断发展的过程中沉淀了大量的金融数据，主要涉及金融交易、个人信息、市场行情、风险控制、投资理财等。这些数据容量巨大且类型丰富，占据宝贵的储存资源，而从业人员却无法对其进行有效分析以供决策。虽然大数据技术的出现对此有所改善，但金融机构在数据的有效处理与分析挖掘上仍面临较大挑战。随着深度学

---

① 图片来源：中国信息通信研究院。

习技术的不断推进，金融机构尝试将海量数据供机器进行学习，不断完善机器的认知能力，使其几乎达到与人类相媲美的水平，尤其在金融交易与风险管理这类对复杂数据的处理方面，人工智能有效利用大数据进行筛选分析，可帮助金融机构进行更高效的决策分析，提升金融业务能力。

（2）人工智能推动金融服务模式趋向主动化、个性化、智能化

传统技术模式下，金融行业通过面对面交流的方式发掘客户需求。同时，受人力资源和数据处理能力影响，金融行业只面向少数高净值客户提供定制化服务，而对绝大多数普通客户仅提供一般化服务。随着人工智能的飞速发展，机器能够模拟人的认知与功能，使批量实现对客户的个性化和智能化服务成为可能，这将对目前金融行业沟通客户、挖掘客户金融需求的模式发生重大改变。整体而言，人工智能技术将显著改变金融行业现有格局，在前台可以用于提升客户体验，使服务更加个性化；在中台辅助支持金融交易的分析与预测，使决策更加智能化；在后台用于风险识别和防控保障，使管理更加科学化。

（3）人工智能技术提升金融风险控制效能

在传统模式下，金融机构难以查证客户提供信息的真实性和交易双方信息的不对称性，使得金融机构面临用户隐瞒甚至编造个人信息的业务风险。人工智能可从大量内部与外部数据中，获取关键信息进行挖掘分析，对客户群体进行筛选和欺诈风险鉴别，并将结果反馈给金融机构。此模式不仅能够降低交易双方间存在的信息不对称性，有效降低业务风险，还能对市场趋势进行预测，为金融机构提供有效的风险预警，引导金融机构提前采取预防措施。

（4）人工智能技术助推普惠金融服务发展

人工智能技术能够通过降低金融服务成本、提升金融服务效率和扩大金融服务范围，推动普惠金融服务的快速发展。智能营销能帮助金融机构精准获客，减少营销成本；智能风控能在金融业务流程中提高风险识别、预警、防范及风险定价能力，降低风险甄别成本。智能金融业务模式可助力金融服务延伸到最需要的弱势人群中，从而推动金融的普惠化。

3. 人工智能在金融领域的应用现状

当前人工智能已被广泛应用到银行、投资、信贷、保险和监管等多个金融业务场景。调研数据显示[①]，80%的传统金融机构正应用某些形式的人工智能，90%的金融科技企业正在应用人工智能技术，略领先于传统金融机构。智慧银行、智能投顾、智能投研、智能信贷、智能保险和智能监管是当前人工智能在金融领域的主要应用，分别作用于银行运营、投资理财、信贷、保险和监管等业务场景。应用在金融领域的人工智能相关技术主要包括机器学习、生物识别、自然语言处理、语音识别和知识图谱等技术。

（1）人工智能技术助力智能银行建设

银行方面，麦肯锡全球研究所预测人工智能和机器学习将为银行业创造超过2500亿美元的价值。波士顿咨询公司指出，2020年智能变革能够为零售银行增加30%的经营净利润。美国新兴人工智能金融

---

① 数据来源：金融科技50人论坛、中国人民大学国际货币研究所：《全球金融服务AI应用调查报告：人工智能在金融服务业中的应用》。

公司 Kensho 的创始人纳德勒预计，到 2026 年将有 33%～50% 的金融从业者被电脑取代，大量节约人工成本。

当前，人工智能与银行业的融合愈加深入，使传统银行的运营模式全新升级，商业银行加速演进到智能银行新阶段。商业银行通过人工智能"数据＋算法＋算力＋场景＋平台"的协同驱动，为各业务环节赋能，全面推动银行的产品创新、流程再造和服务升级，智慧地洞察客户需求，为客户提供丰富多样、便捷高效、个性定制的金融产品和服务。

(2) 智能投研助力证券行业投资组合管理和交易

证券方面，2018—2019 年，人工智能在证券行业的主要落地场景案例总数增长达 2 倍以上，证券经纪业务是人工智能技术的主要落地场景，第二大落地场景是系统维护，其他落地场景还包括风险管理、运营决策、资产管理、固定收益以及自营投资。

证券经纪交易商在其投资者组合管理和交易功能中探索使用 AI 应用。在投资组合管理中，券商应用人工智能技术识别新模式并预测特定金融产品或资产类别的潜在价格走势，从而帮助投资顾问将这些预测纳入其投资策略中，产生超额收益。在交易方面，证券经纪交易商通过人工智能技术提高交易效率，例如将机器学习应用于智能订单路由、价格优化、最佳执行命令以及大宗交易的最佳分配，从而提升交易的速度。

(3) 智能客服助力保险行业降本增效

保险行业不乏重人力、高重复率的业务场景。2019 年保险业人力成本约 5000 亿元[①]，占总成本的 30%。智能外呼机器人和智能语音客

---

① 数据来源：艾瑞咨询：《2020 年中国保险科技行业研究报告》。

服等人工智能技术的应用大大降低了保险行业的人力成本，呼叫中心已成为保险行业中人工智能渗透率最高的场景。

智能外呼机器人目前在保险行业主要用于自动式呼叫、意向筛选、资料导入、销售引导等过程。数据显示保险行业外呼应用中的回访成功率已经接近真人水平，工作效率可达人工的1.2倍，为保险业务开展节省了80%的人力成本。而当前智能客服机器人已替代了保险行业40%~50%的人工客服，到2020年，85%的客服工作将依靠AI完成。典型的保险公司例如平安集团已在其保险等业务线条上线了AI智能客服，系统累计服务量超过2亿次，节省成本约5000万元。

（五）5G——移动金融的"高速公路"

移动化、数字化是信息时代发展的主题之一，普惠的通信服务使更多人享受到移动互联网服务。但用户数的增多对网络性能提出了更高的挑战，尤其是视频、音乐流媒体的日益普及，导致现在的网络通道越来越拥挤。在此背景下通信技术迭代的需求愈演愈烈，5G应运而生。但5G真的仅仅是网速更快了吗？

1. 5G的基本原理

（1）从通信技术发展看5G演进

全球移动通信技术已经完成了1G到4G的升级发展，整体来看，每十年会完成一次代际跃迁，其发展进程如下图所示。

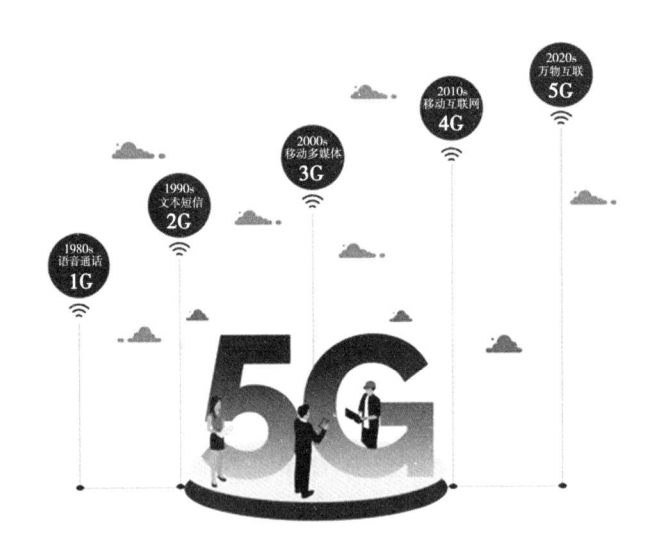

图3—5 移动通信技术发展进程

每一次移动通信技术的升级，均极大地促进了社会经济建设和产业发展，如1G到2G的升级实现了模拟通信到数字通信的转变，实现了设备成本大幅降低，通信质量显著提升等；2G到3G、4G的升级实现了语音业务到数据业务的转变，同时传输速率的提升推动了移动互联网应用的繁荣。5G的到来，不仅进一步提升了网络性能，而且将通信由人与人之间拓展到人与物、物与物，开启了"万物互联"新时代。不同于传统的几代移动通信技术，5G不仅是一个多业务多技术融合的网络，更是面向业务应用和用户体验的智能网络。

（2）新型组网技术带来全新功能特性

5G的关键技术包括大规模天线、新型多址、新型多载波等无线传输技术以及网络切片、边缘计算和云化基础设施等网络技术。网络切片和边缘计算是5G比较重要的两个能力特性。

网络切片是将单一物理网络划分为多个逻辑上隔离的虚拟网络，

多个网络切片共用网络基础设施,同时一个切片的错误或故障不会影响到其他切片的通信,从而提高网络资源利用率,为不同用户群使用的不同业务提供恰到好处的资源配置与网络支持。

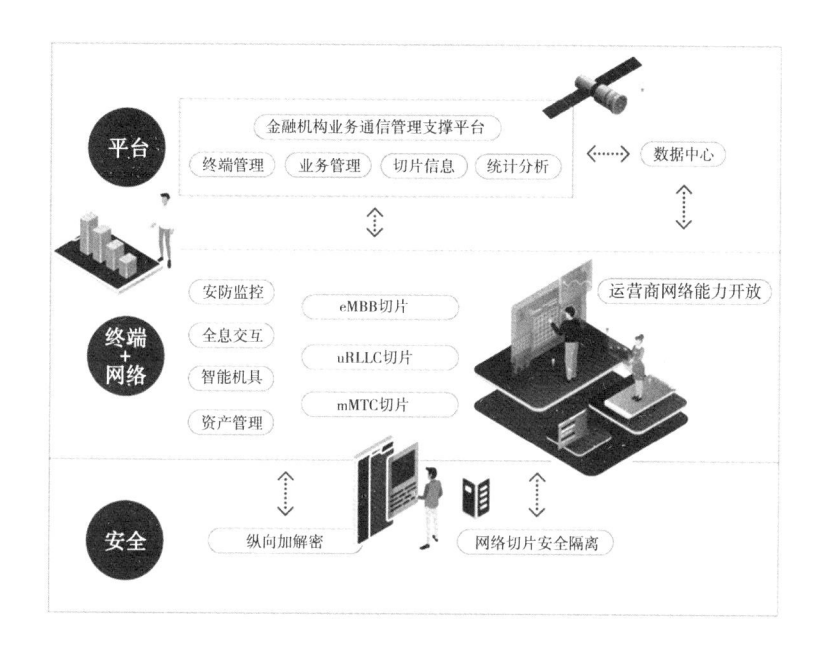

图3—6 金融业网络切片部署架构①

边缘计算作为一种新的部署方案,通过把小型数据中心或带有缓存、计算处理能力的节点部署在网络边缘,与移动设备、传感器和用户紧密相连,减少核心网络负载,降低数据传输时延,优化本地用户感知。边缘计算具有应用、能力开放、快速响应的特点。

(3)新一代网络能力赋能三大应用场景

2015年,ITU对5G的三大应用场景进行了定义,分别是eMBB增强移动宽带、uRLLC超高可靠低延时通信、mMTC海量机器类通

---

① 图片来源:中国信息通信研究院。

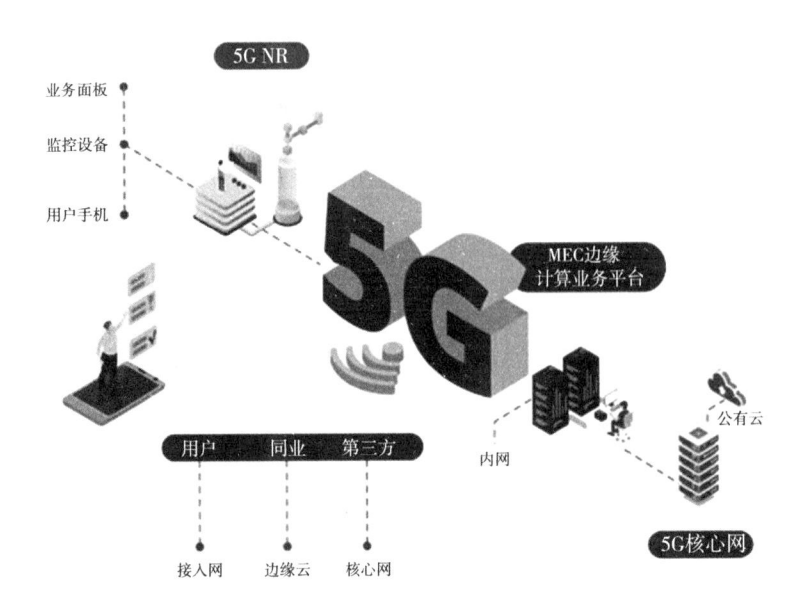

图3—7 边缘计算在5G网络中的位置①

信。各自的关键能力指标如下表所示。

表3—2 5G的三大应用场景能力指标

应用场景	关键能力指标
eMBB	• 用户体验速率：1Gbps • 峰值速率：数十 Gbps • 流量密度：数十 Tbps/km²
uRLLC	• 空口时延：1ms • 端到端时延：ms 量级 • 可靠性：接近 100%
mMTC	• 连接数密度：10^6/km² • 单位功耗成本降低

eMBB（Enhanced Mobile Broadband）增强移动宽带，主要指在

---

① 图片来源：中国信息通信研究院。

现有的基础上，继续增强用户体验，特别是对网速的提升。当前 4G 用户的传输速率一般在 Mbit/s，最高可达 100Mbit/s，而 5G 的下载速率可超过 1Gbit/s，一部高清电影，5G 用户最快 1 秒就可下载完成，而 4G 用户需要几分钟。

uRLLC（Ultra－Reliable Low－Latency Communication）超高可靠低时延通信。对于自动驾驶、远程医疗、工业控制等场景来说，这种时延的通信是没有价值的。5G 技术的应用可以使通信时延降低到 1－10ms，可靠性提升至 99.9％以上，较好地满足上述场景需求。

mMTC（Massive Machine Type Communication）海量机器类通信。5G 网络具备每平方公里百万终端接入的能力，不只是传统的手机终端，各行业形态各异的物联网终端也可接入，形成真正的万物互联。城市或工厂的关键区域设备可获得全面感知，城市管理和生产生活将更为便利。

2.5G 在金融领域的应用价值

（1）5G 显著提升金融业感知能力

5G 的愿景是形成泛在连接的世界，泛在连接能力的完善，促使各行业能够更便捷、更大范围感知自身的各类实体资产。5G 与金融业融合的基础作用之一是在很大程度上提升了金融的感知能力。

5G 对金融业感知能力的提升主要体现在三个方面。第一，扩大了金融感知的范畴，随着感知设备种类大幅增长、新感知手段不断出现以及感知成本持续降低，金融感知对象更加广泛；第二，丰富了金融感知的数据，包括 5G 在各行各业的扩大应用带来的行业数据以及更多种类金融机具带来的金融业数据；第三，补齐了金融感知断点，5G

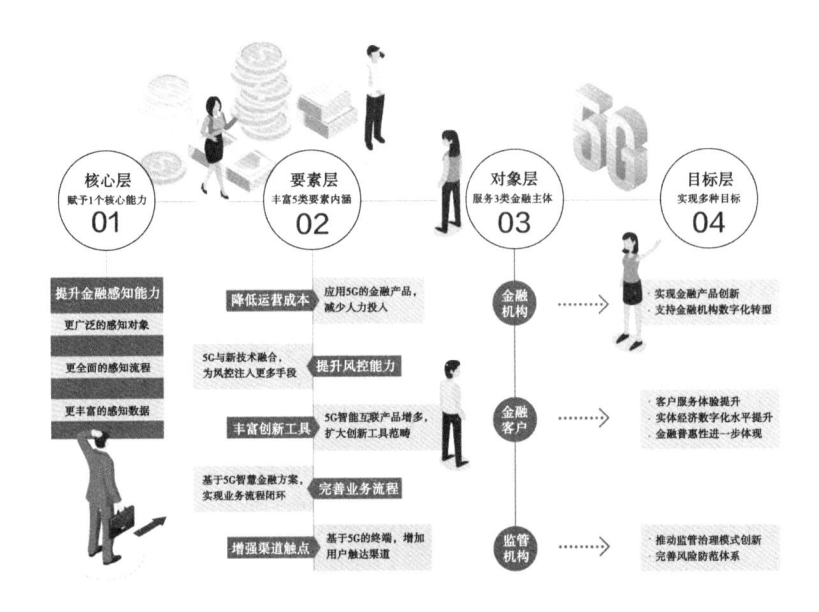

图3—8　5G金融应用价值路径①

补充传统通信的短板，形成全流程全环节的感知。感知能力的提升将成为金融业大范围数字化的起点。

（2）为多种新技术融合应用打下基础

除自身带来的感知能力提升外，5G也将为其他新技术在金融业的应用筑牢地基。首先，5G的传输能力可满足金融机构对数据这一未来生产资料的需求。eMBB增强型移动宽带以及mMTC海量机器通信将拓宽数据采集渠道，带来动态化、非结构化的全量数据，由此可实现细分客群管理、用户风控画像、大数据精准营销等能力。

其次，5G的可靠通信可满足金融业务即时性的需求。uRLLC高可靠低延时传输以及单元容量，为端边云之间的高效数据交互提供了

---

① 图片来源：中国信息通信研究院。

可能，可借助云端的算力对量化分析、交易决策等业务进行处理，增强业务即时性和可得性。

最后，5G的组网特性可满足金融业安全需求。网络切片能力可实现按需分配的专用网络部署，结合加密技术等保证账户明细、信用评分等数据的安全传输与差异化处理，为金融数据价值的安全实现奠定基础。

3. 5G在金融领域的应用现状

金融业在5G应用的探索逐渐向全流程的业务拓展。总体而言，高动态化、高实时化是两大最主要特征。动态化一方面体现在场景，线上化、移动化金融服务一直是5G金融的重点应用方向，网络性能的提升突破了移动场景下的通信限制，让客户更流畅地与后端金融服务人员交互；另一方面体现在数据，海量设备连接输入的视频音频等动态化数据让智能风控、动产融资等业务形态得以推广。极速交易、自助办理等线上业务在5G的加持下大大缩短了延迟及等待时间，高动态化、高实时化的数据也为智能化应用打下了基础。

（1）5G智慧网点打造网点新业态

5G智慧网点是前期最为典型的5G金融应用。一是网点网络改造，对网点区域实现5G网络覆盖，提升进入网点客户的上网体验；二是将5G网络能力与金融业务相结合，以新业务形态吸引用户到店，如VR贵金属展示、金融太空舱、远程投顾等。截至2019年底，五大国有行均建设了5G+智慧线下网点，部分大型股份制商业银行，如招商银行、浦发银行、光大银行，也纷纷投建网点改造。

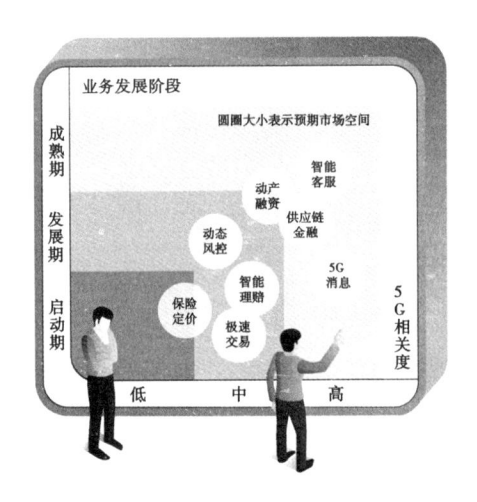

图3—9　5G在金融领域应用场景分析①

表3—3　5G智慧网点建设进度

银行	时间	地点
中国银行	2019－05－20	北京"5G智能＋生活馆"（北京朝外大街支行）
	2019－10－10	天津"5G智能＋生活馆"
工商银行	2019－04－19	北京分行电信大楼支行
	2019－06－11	苏州新型智慧网点
	2019－12－06	杭州武林天水支行、庆春路凤起支行
建设银行	2019－07－11	清华园、中粮广场和长安兴融中心三个网点
	2019－11－05	上海虹桥会展支行
农业银行	2019－10－20	浙江桐乡乌镇支行
	2019－10－30	浦东分行
	2019－12－20	雄安市民服务中心支行

（2）5G助力金融业资产管控新模式探索

5G有望为金融行业带来资产管控新模式。例如对动产融资的赋

---

① 图片来源：中国信息通信研究院。

能。动产即除不动产之外的所有财产和权利的总称，如车辆、有价证券、应收账款、知识产权等。动产融资即贷款人以各种动产为担保物从金融机构、企业或个人获得资金支持的融资模式。上述融资方式由于抵押标的物保存与监管难度大、价值波动规律不定等，存在重复融资、押品无法有效监控以及单据造假等风险。

5G 网络可显著优化网络实时传输效果，降低网络延时，提高视频与图像的清晰度、流畅度，实现动产数字化监控一站式体验，有效助力质押品实时监管，从而使基于供应链上下游真实贸易行为产生的多种库存商品成为质押的标的物，为中小企业提供融资支持。

表 3—4 抵押品类型汇总[①]

抵押品类型	内容
不动产抵押	房产、土地等
动产抵押	存货、应收账款、设备、运输工具、知识产权、物权凭证、存款、现金、理财投资、金融资产等
自身信用	盈利能力、发展模式、企业性质、商誉等
第三方信用背书	担保、合同、产业链联盟等

（3）5G 带来用户交互新体验

以 5G 技术为基础，充分运用 5G 在移动互联设备中高可靠性、低延时的特点，实现超高清视频实时传输能力与 AR 技术完美结合，从而打造浸入式支付场景。通过 5G 网络将商超实时场景传输到用户面前，再利用 AR 技术开启虚拟购物体验，用户可在 AR 商超中查看货品信息，查看商超情况，并对商品进行购买支付。

---

① 资料来源：公开资料整理。

5G消息也提供了一种全新的人机交互模式,用户在消息窗口可完成产品服务的搜索、发现、交互、支付等一站式业务体验。某大型银行以提升推广期保险、理财和贷款等新产品点击率和转化率,提升服务便捷性和官网/App活跃度为出发点,通过5G消息实现了如下功能:主动推送优惠活动消息卡片,通过形象生动的营销卡片拉新促活;针对余额查询、转账、信用卡账单查询和还款、理财查询等常用操作场景,设计相关入口按钮,为用户提供便捷服务等。

(六)密码——金融行业的"铁布衫"

2013年,斯诺登曝光了美国的"棱镜计划",据斯诺登透漏美国国家安全局和联邦调查局可接触到大量个人聊天日志、语音通信、文件传输、个人社交网络数据等明文信息。"棱镜门事件"触发了全球对网络空间安全和隐私数据保护的高度关注,加速了密码技术的普及和发展。

1. 密码的基本原理

密码是目前世界上公认的,保障网络与信息安全最有效、最可靠、最经济的关键核心技术。从功能上看,主要包括加密保护技术和安全认证技术。从内容上看,主要包括密码算法、密钥管理和密码协议。常用密码算法包括对称算法、公钥算法、密码杂凑算法,要确保正确、合规、有效地使用密码算法;密码协议包括TLS/SSL、IPSec、密钥交换、零知识证明、多方安全计算等,采用的协议必须为可证明安全的协议;密钥管理主要涉及密钥生成、存储、分发、导入/导出、使用、备份、归档、销毁等密钥全生命周期的安全管理。

密码可以保障信息的机密性、完整性、真实性和不可否认性。

机密性是指密码保证信息不被泄露给其他非授权实体的特性。金融领域涉及的信息是金融机构和用户最有价值的资产,信息泄露会对国家、社会、行业、团体和个人带来巨大危害和影响。采用密码技术中的加密保护技术,可以实现信息的机密性。

完整性是指密码确保数据没有受到非授权篡改或破坏的特性。金融数据规模大、应用领域多、使用价值高,保证这些数据在传输、存储过程中不被篡改成为金融业的关注重点。密码杂凑算法、消息鉴别码等密码技术,可以用来实现数据的完整性保护。

真实性是指密码保证信息来源可靠、没有被伪造的特性。身份的真实性、信息的合法性等问题在金融领域尤为重要,仅通过用户名/口令的方式并不能有效地保障登录用户身份的真实性。密码中的安全认证技术(数字签名、消息认证码、身份认证协议等)可以有效解决信息的真实性问题,银行的 UKEY 就是利用数字签名技术实现的。

不可否认性是指密码确保一个已经发生的操作行为无法否认的特性。随着电子商务、网络支付等新兴模式的广泛普及和应用,电子合同、电子签章等逐渐成为网络环境中的重要凭证。基于公钥密码算法的数字签名技术可解决行为的不可否认性问题。

2. 密码在金融领域的应用价值

(1) 保卫金融安全

密码可以为银行业、证券业、保险业及第三方支付提供系统性的安全防护。在金融 IC 卡、网上银行、手机银行、网上证券交易、电子保单、手机支付等方面，密码可提供安全身份认证、终端机具认证、传输通道加密、应用报文加密、完整性保护、交易不可抵赖等方面的安全保障，有效防止敏感信息泄露、财产损失或业务中断，对维护金融信息安全具有重要的意义。例如，金融 IC 卡采用芯片技术和多种密码安全认证技术保障持卡人用卡安全，保险机构基于数字签名技术为客户签发具有法律效力的电子保单。

（2）促进金融流通

密码技术可以有效解决网络信任问题，成为金融流通与支付交易的助推器和顺滑剂。在供应链金融中，将核心交易环节凭证上链和多方存证，实现链上数据的多方可信共享，确保从采购、加工、运输到销售的全流程业务数据的真实有效，保证商品信息和资金流向的可追溯、可审计，极大地加强了金融流通各环节的安全可信。密码杂凑算法、签名算法、零知识证明等密码技术是加密货币的重要底层支撑，以密码为核心要素的加密货币不仅应用于交易、理财、借贷，还将延伸到跨国支付、贸易融资等层面。

（3）助力金融监管

鉴于密码技术的"机密性""完整性""真实性"和"不可否认性"等特性，密码技术天生具有助力监管的"基因"。监管和执法机构可凭借"电子签名""电子印章""电子合同"等电子凭据，为监管和执法提供可靠的法律证据。同时，密码技术是隐私保护技术的重要内容，密码技术可保证数据应用的全流程可控制、可监控、可审计。因此，密码有利于建设有序的信用体系，提供交易记录保全、行为安全审计等功能，有效识别金融机构的信用风险。

（4）护航金融创新

密码提供的安全和信任机制，可为金融新技术、新业态的创新发展保驾护航。区块链、云计算、大数据、5G 等新一代信息技术给信息产业带来重大的变革，同时也带来了巨大的网络安全问题，密码与新一代信息技术的融合创新应用是大势所趋。以同态加密、多方安全计算为代表的密码技术在处理海量数据时可实现数据可用不可见，既满足法律法规的要求，又可以帮助金融机构更好地开展分析业务。云证书、云密码资源池、云访问安全代理等云密码服务促进了金融服务云化的创新发展。

3. 密码在金融领域的应用现状

（1）国家高度重视密码在金融领域的发展应用

金融领域是使用密码时间最早、应用范围最广的领域之一。早在 2012 年，国家就成立了"金融领域商用密码应用推进工作协调小组"，2017 年调整为"国家金融和重要领域商用密码应用推进工作协调小组"。《关于金融领域密码应用指导意见的通知》《金融和重要领域密码应用与创新发展工作规划（2018—2022 年）》《金融科技（FinTech）发展规划（2019—2021 年）》等政策引导并助力密码合规健康应用，全国金融标准化技术委员会已发布 20 余项金融领域密码应用相关标准。在此大环境下，金融领域密码应用面临重要的历史机遇。

（2）银行业密码应用和改造处于较领先状态

银行业从涉及支付相关系统、平台间相关系统到渠道相关系统逐步进行密码应用和改造。截至 2020 年末，应用国密算法的银行卡累计发卡量超过 10 亿张，新增银行卡已全部实现国密应用。网银安全设备和 ATM/POS 终端密码升级也在加速推进。随着移动终端的普及，多家银行推出"手机盾"，以手机作为安全载体实现传统 U 盾功能，利用协同签名技术，实现手机银行的应用安全。

（3）证券业正在稳步推进密码应用和改造

由于证券交易对实时性、稳定性要求高，部署密码模块可能存在一定的性能影响，因此证券业采取"试点先行，再大规模推广"的方式，选取互联网接入层区域的网上交易系统作为对象，优先在 11 家证券机构和 10 家期货机构进行试点。网上交易系统采用协同签名技术实现移动端与客户端之间的双向身份认证，协同签名技术将密钥分割成两部分分别进行存储，需要参与签名运算时，各私钥片段独立计算得到分段签名结果，由客户端整合成完整的签名结果，这种技术兼具了高安全性和便捷性的特点。

（4）第三方支付也在建立以密码技术为核心的密码改造规划

作为第三方支付代表的支付宝、财付通，逐步在支付接入安全、交易认证、交易抗抵赖等环节部署密码应用。条码支付是当前消费者常用的支付手段之一，根据中国支付清算协会发布的 2019 年调查报告显示，9 成用户接受条码支付，而安全性仍是最需要改善的问题。为了保障支付安全，中国人民银行在 2017 年就制定了《条码支付安全技术规范（试行）》，要求使用数字签名等技术手段保证交易信息的完整性，采取加密措施防止会话令牌在传输、存储过程中被窃取等。

（5）前沿密码技术开始应用于涉及大量数据的金融业务

为满足更多的金融应用场景，基于同态加密、零知识证明、多方安全计算等隐私保护技术的前沿密码产品逐渐面世。运用同态加密技术，在不收集、不留存数据的前提下，为金融机构引入物流、政务等数据，丰富金融机构对企业的风险评价维度，提升信贷场景风控能力。通过隐私加密技术，实现对数据源事前审核授权、事中使用监督和事后审计追溯，全面保障数据隐私和应用合规。

四

金融科技的"春华秋实"

正如前文所述，随着云计算、区块链、大数据、人工智能、5G、密码等新兴技术与金融业融合，金融科技提升了用户体验；金融科技满足了更多个性化服务，为不同用户提供了个性化理财服务；金融科技让普惠成为可能，通过技术创新不仅降低了机构运营成本和借款者融资成本，还让更多投资者获得低门槛金融产品。金融科技丰富的应用场景让更多人享受到了不一样的金融服务。

当前，银行、证券、保险等传统金融业态和新兴科技的融合，在移动支付、数字货币、开放银行、财富管理、保险科技、智能风控等领域，产生了丰富的金融科技的成果。

（一）移动支付："小支付"开启"大时代"

1997年，在芬兰的机场，一位乘客在自动售货机上用手机购买了一罐可口可乐,完成了世界上首笔移动支付业务,从此移动支付走进了大众视野。从首笔交易出现,到2013年在中国爆发式发展,移动支付很大程度上改变了人们的支付习惯和方式。

图4—1 金融科技"硕果累累"

1. 移动支付爆发式增长,成为数字经济时代的晴雨表

移动支付从发展初始就备受各界关注,业界从不同角度给出定义。移动支付论坛(2002)界定移动支付为交易双方使用移动设备,如手机、PAD等转移货币价值以清偿获得商品和服务的债务。中国支付清算协会(2015)[①] 将移动支付看作电子货币与移动通信业务相结合的产物,用户通过移动互联网或近距离无线通信技术向银行机构发送支付指令,从而实现移动购物、缴费、充值等支付交易。

[①] 资料来源:中国支付清算协会:《支付清算理论与实务丛书——移动支付理论与实务》。

移动支付快速增长，成为主流支付方式。数据显示①，2019年亚洲移动支付普及率已达52%，全球移动支付普及率排名前十的地区中，有八个来自亚太地区。中国移动支付虽起步较晚，但发展迅猛，在全球具有领先优势。全球主要经济体中，中国国内移动钱包消费占比最高，其中电子商务消费中移动钱包消费占比高达65%。2019年，中国移动支付业务约1014.31亿笔，金额从2014年的6万亿元快速增长到347.11万亿元，整体交易规模连续6年高速增长②。英国、德国、美国位列其后，而日本国内移动支付普及相对较少。

中国移动支付的发展离不开良好的政策环境。早在2014年，中国人民银行就发布了《关于手机支付业务发展的指导意见》，为移动支付的发展提供了制度保障。随着移动支付交易规模的增加，安全问题频发，监管部门也通过出台各种政策为移动支付营造安全、健康的环境。此外，普惠的通信基础设施也为移动支付的广泛应用提供了便利。2020年，中国4G网络整体行政村覆盖率超过98%，相比之下，美国电信覆盖率较低，使用移动支付受到一定限制。

表4—1 中国移动支付行业重要监管政策

发布时间	政策名称	主要内容
2017.12	《中国人民银行关于印发条码支付业务规范（试行）》	规范条码支付收单业务管理，银行、支付机构从事条码支付业务应接受中国支付清算协会行业自律组织监督检查
2017.12	《关于调整支付机构客户备付金交存比例的通知》	支付机构客户备付金集中交存比例将由现行20%左右提高至不低于50%，预付费卡企业达到54%

---

① 数据来源：普华永道。
② 数据来源：中国人民银行：《中国普惠金融指标分析报告（2019年）》。

续 表

发布时间	政策名称	主要内容
2019.12	《关于发布金融行业标准加强移动金融客户端应用软件安全管理的通知》	根据通知，中国互联网金融协会启动了客户端软件实名备案工作，加强移动金融产品安全监管
2020.2	《中国银联支付终端安全技术规范》	发布支付终端安全技术规范（UPTS3.0）升级公告，宣布《银联卡受理终端安全规范》（UPT2.0）正式升级

2. 移动支付技术迭代创新，用户支付体验不断升级

在移动支付技术发展路径中，最早采用的是NFC。2004年，诺基亚、飞利浦、索尼发起NFC论坛推广该项技术商用，2006年，中国银联基于NFC技术推出了基于金融IC卡芯片的移动支付方案。但由于当时3G网络刚刚兴起，POS终端虽已普及但NFC技术标准难以统一等原因，NFC支付技术面临推广的难题。直到2014年12月，苹果凭借其强大的市场影响力，发布并推广了采用NFC技术的移动支付解决方案Apple Pay，上线12小时内绑定的银行卡数量超过3800万，极大地推动了NFC支付的发展。

移动支付的另外一种实现方式是二维码技术，该技术发源于日本和韩国，并在中国广泛应用。2011年，支付宝推出条码支付业务，标志着线下扫码支付时代的开启。二维码技术的推广进一步提升了移动支付的用户体验。

随着技术不断进步，移动支付创新应用随之增多。生物识别为移动支付提供"天然密码"。通过人脸识别、虹膜识别、声纹识别、指纹识别、掌纹识别和步态识别等不同类型，可解决支付场景端"身份验证"或"活体唯一识别"的困难，实现了支付的"脱媒化"和"无感

化"。例如，疫情期间哈尔滨地铁推出的刷脸支付系统首次实现了"戴口罩"人脸识别，有效降低交叉感染的风险；万事达也推出了AR购物功能，首次将移动设备身份检查与虹膜检测结合用于支付。

物联网＋无感技术，让万物皆可支付。2020年4月，银联新能源汽车无感充电业务在深圳龙华清荣充电站正式上线，实现了新能源汽车充电"插枪即充、拔枪即付"的新体验。

该充电桩依托银联Token2.0与物联网定制安全芯片技术，用户通过"绿侠快充"App或"银联深圳"公众号绑定驾驶证和任意一张银联借记卡，点击充电桩屏幕上的"VIN充电"，然后通过边缘计算网关在插枪时识别车辆VIN号，在拔枪结束充电时获取充电结算信息，实现了新能源汽车充电"插枪即充、拔枪即付"。

3. 移动支付模式不断创新，持续服务数字经济高质量发展

从1994年中国正式接入国际互联网以来，数字经济发展依次跨越了互联网时代和电子商务时代，如今正在朝着产业数字化快速演进。无独有偶，中国数字支付腾飞的起点也正是源于1994年"金卡工程"在12个省市的落地试点。自此开始，支付产业发展驶入了从现金到银行卡，再到网络支付的数字化转型快车道。

从历史演进的发展脉络看，数字经济与数字支付的发展起点是并轨而行的。在中国，移动支付行业的飞速发展大力推动了共享经济、互联网金融、跨境贸易等社会经济热点应用增长。各支付机构也同步积极参与了基金销售、跨境支付、企业征信、网络小贷、保险代理等相关业务资质申请。但有所不同的是，数字经济方兴未艾，而移动支付已较为成熟。移动支付作为数字经济发展的"传动轴"，应重点把握

三个方向，持续延展壮大，助推数字经济。

一是移动支付下沉，让老人和农村不"掉队"。业内人士认为，农村、老人和"90后"将成为移动支付未来三大市场。面对社会老龄化趋势、面对大而分散的农村，如何响应国务院部署，解决老年人"数字鸿沟"问题，让老年人也充分享受到移动支付的便利成为当务之急。

二是利用移动支付改善跨境支付体系能力，在支持国内国际双循环中发挥更大作用。2021年1月，央行等六部委联合下发的《进一步优化跨境人民币政策支持稳外贸稳外资的通知》指出，支持境内银行与合法转接清算机构、非银行支付机构在依法合规的前提下合作，为跨境电子商务、市场采购贸易方式、外贸综合服务等贸易新业态相关市场主体提供跨境人民币收付服务。这对于正在积极尝试业务创新的各家支付机构与整个移动支付行业而言，可谓是一大政策利好。

三是加强移动支付过程中数据安全与个人信息保护。监管部门应强化对移动支付行业的监管力度，严控入行标准，形成持续经营和高要求的退出制度。移动支付平台更应提高自身技术水平，研发更为安全的支付系统，设置安全识别的防火墙，为用户安全保驾护航。

（二）数字货币：一场关于"钱的革命"

2020年12月，中国人民银行行长易纲在《人民日报》撰文，表示我国需完善现有货币供应调控机制，稳妥推进数字货币研发，有序开展可控试点，健全法定数字货币法律框架。为积极应对数字货币对金融体系带来的冲击与挑战，我国需加快数字货币领域的研究。

1. 从比特币到DCEP，各国加快央行数字货币探索

目前，数字货币尚无标准定义，在不同语境下"数字货币"有着不同内涵和外延。参照国际货币基金组织相关研究成果，数字货币定义为"价值的一种数字表达"。根据发行主体、信用来源及流通范围等因素的不同，数字货币可分为法定数字货币和私人数字货币两大类。法定数字货币是基于中央银行信用，由中央银行发行，具有主权性和法偿性的纯数字化货币。私人数字货币指并非央行发行，但至少能在线上对网络经济中的部分或全部商品和服务交易进行支付结算的纯数字化货币，如比特币、Libra等。私人数字货币的紧迫发展趋势倒逼多国央行不得不着手研发和推出自己的法定数字货币。

综合各国对数字货币的研究情况，可以将数字货币的发展历程分为三阶段：探索期、实践期和发展期。

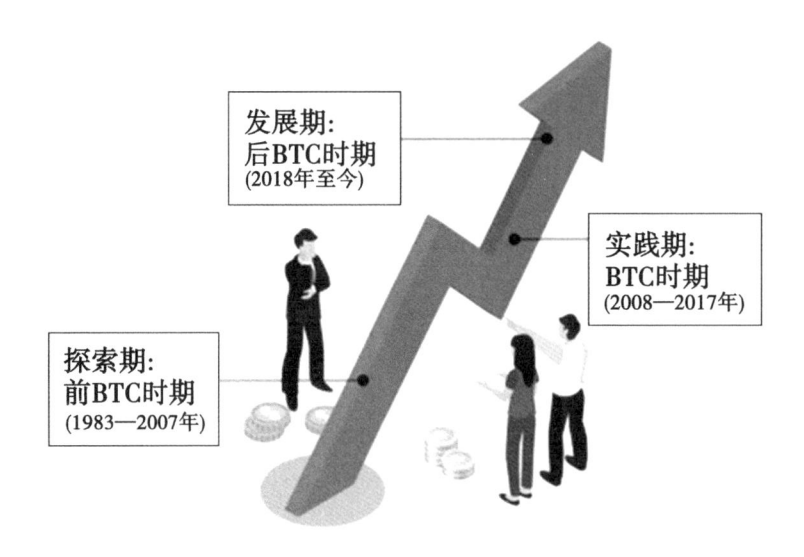

图4—2 数字货币发展历程

探索期（1983—2007年）即前BTC时期。该阶段处于数字货币的基础研究期。在这个阶段，可控匿名、离线等底层技术逐步沉淀。实践期（2008—2017年）即BTC时期。这个阶段，比特币正式问世，多种加密数字货币随之崛起，智能合约概念普及。发展期（2018年至今）即后BTC时期。在这个阶段，数字货币不再局限于比特币等加密货币，泰达币、Libra等稳定币兴起，各国加大了法定数字货币研发力度。

自2019年6月18日Facebook发布数字货币Libra白皮书，提出建立一套简单且无国界的货币，作为服务于数十亿人的金融基础设施后，数字货币的发展再次引发全球关注。随着Libra白皮书2.0的正式发布以及数字美元计划的发布，各国央行均加快了数字货币领域的探索步伐，积极推进法定数字货币的探索研发。据国际清算银行2021年1月数据显示，在全球参与调研的35家央行中，正在推进法定数字货币的央行有10家，研究中的有15家，已发行的有6家，暂不考虑的有4家。2020年7月20日，包括美国、英国、德国、法国、日本、意大利、加拿大在内的七国集团（简称G7）就发行CBDC达成一致，计划开展数字货币的知识分享和监管协调工作。其中，欧盟国家以数字欧元为研发重点，美国和加拿大已经在着手开展CBDC相关研发工作，G7联手掀起全球法定数字货币研发热潮。

表4—2　各国央行CBDC发行进展（部分）

国家	目前进展	各国发行CBDC动态
澳大利亚	暂不考虑	未能看到数字货币相对于现有支付系统的好处，尚未确定有必要创建一个数字澳元
新西兰	暂不考虑	不清楚央行发行数字货币是否能带来确凿的好处

续 表

国家	目前进展	各国发行 CBDC 动态
日本	暂不考虑	成立数字货币联席会议，但积极同多国央行合作研究 CBDC 利弊，对过早引入数字日元持谨慎态度
德国	暂不考虑	德国官方支持对欧洲数字货币的研究，但德国央行仍对数字货币推出持观望态度
中国	计划推出	积极推进一批二批城市试点，四大行开启公测，特色行政体系助推 DC/EP 落地应用
巴哈马	计划推出	正在向全面推出基于移动电话的数字货币（CBDC）迈进
瑞典	计划推出	作为现金的补充，减少国民对私人支付系统的依赖，拟推出数字货币 e-krona
东加勒比	计划推出	将国内流通现金减少 50％并为金融部门带来更多稳定性，促进 ECCU 成员国的发展
美国	研究中	美联储正在研究发行货币 CBDC 的可行性，数字美元项目正式发布白皮书
法国	研究中	正在进行央行数字货币的实验，已完成基于区块链的数字欧元首次测试
新加坡	研究中	积极进行批发型央行数字货币探索，期望通过 Ubin 项目提高跨境支付效率
挪威	研究中	作为现金的补充，以确保人民对货币和货币体系的信心
巴西	研究中	减少现金周期中的费用，增加支付系统和货币供给的效率和弹性，可追溯并产生数据
英国	研究中	正在建立说明性的 CBDC 模型，CBDC 将作为支付平台，私营部门可在其上进行创新
加拿大	研究中	现金的竞争力在下降，其他支付途径兴起，良好的 CBDC 有助于促进在线支付供应商的竞争
以色列	研究中	加强国家支付系统效率，若能承担利息，也可成为央行的货币工具，此外还有助于打击影子经济
丹麦	研究中	解决纸币存在的问题
柬埔寨	研究中	已开发出名为"Bakong"项目，预计今年上线
泰国	研究中	宣布了一项开发商业性去中心化支付系统原型的项目，加入了央行数字货币研究行列
韩国	研究中	成立专项工作小组，公布中长期发展战略《BOK2030》，积极从事数字货币的研究和准备工作

2. 保持技术中性，多元化研发路线助力 DC/EP 发行流通

数字货币的最终实现涉及多种技术问题，其关键技术主要包括密码技术、区块链技术、移动支付技术等。为支撑上层的交易（在线交易技术与离线交易技术），关键技术需要涵盖交易安全、数据安全、基础安全。

密码技术作为数字货币的核心，为数字货币的发展奠定了技术基础。密码技术不仅提供信息的加密与解密功能，还能有效地保护信息的完整性和不可否认性等。区块链技术架构多年来保持稳定，其特殊的技术特性，如可实现多方共建、数据流通、定向留痕等，将赋能典型的数字货币应用场景，包括零售端的现金数字化、批发端的支付结算、法定数字货币验钞等。移动支付可通过与终端设备商、互联网厂商、应用提供商以及金融机构结合，为用户提供货币支付、缴费等金融服务。移动支付天然具备的便利性或将成为未来主流的支付方式。

央行数字货币采用混合式架构，其发行和流通离不开密码、区块链、移动支付等多项新兴技术的积极支持。在遵循技术中立的原则下，央行不干预商业机构研发技术路线的选择，通过"赛马"机制调动各试点单位积极性，推动各金融机构选择场景先行先试，以市场化手段公平竞争选出最优推行路线，最终实现 DC/EP 的全面发行流通。

3. 城市 + 银行双路径并行，数字人民币应用试点加速

中国央行数字货币方面的研究最早可追溯到 2014 年，在周小川博士的倡导下，央行成立专门的法定数字货币研究小组。在过去的几年间，央行以数字货币研究院为核心，联合数家商业银行，从方案原型、

数字票据等多维度研究央行数字货币的可行性。

央行数字货币设计了双层的运营投放体系，上层是央行，由央行对发行的法定数字货币做信用担保，因此央行的数字货币与人民币一样具有无限的法偿性；下层由不同的商业银行构成，商业银行等机构在负责面向公众发行央行数字货币的同时，需要向央行100%缴纳全额准备金，以保证央行数字货币不超发。同时，央行数字货币采用了中心化的管理模式，这与以比特币为代表的去中心化数字货币有着本质区别。对一个需要支持广泛公众使用的央行数字货币体系来说，如果采用纯区块链技术的架构，目前还无法实现零售层面所需要的高并发性能。因此，在技术道路的选择上，中国的央行数字货币并不预设技术路线，也不依赖某一项技术。

中国央行数字货币应用试点的推行速度一直走在世界前列，试点的选择可按城市和银行线条进行划分。试点城市方面，2020年已陆续在深圳、雄安、成都、苏州四个城市进行试点测试，未来也将在冬奥会场景进行内部封闭试点测试。同时，商务部已于2020年8月14日印发《全面深化服务贸易创新发展试点总体方案》，表示将在京津冀、长三角、粤港澳大湾区及中西部具备条件的地区开展数字人民币试点。在试点银行方面，四大行首先开始进行DC/EP钱包内测，采用独立的央行数字钱包App模式，农行、中行、建行及工行数字钱包App界面陆续曝光。同时，其他各大商业银行也纷纷加快数字货币试点运营步伐，积极备战数字货币运营。

4. 央行数字货币助推人民币国际化进程

央行数字货币的应用落地将影响全球金融格局，提升人民币国际影响力。当前，跨境间支付普遍存在周期长、费用高、效率低等问题，而基于数字货币的跨境支付不仅能提高跨境转账速度且能降低汇款手续费。此外，央行数字货币采用松耦合账户设计，用户无需绑定银行账户即可使用央行数字货币进行转账支付，这对于海外缺少传统金融基础设施的不发达地区民众具有很高的吸引力，有利于提升人民币在国际贸易中的交易比重。

目前，中国跨境清算依然高度依赖美国的环球同业银行金融电讯协会（SWIFT）和纽约清算所银行同业支付系统（CHIPS），而央行数字货币在跨境支付领域的广泛应用有望缓解对现有 SWIFT 和 CHIPS 支付体系的过度依赖，为人民币的流通和国际化带来便利。一国货币的国际地位取决于该国政治、军事、经济、科技实力形成的综合国力和经济稳健程度，人民币国际化不可能一蹴而就，但央行数字货币能提升人民币在跨境交易层面的体验，较大程度提升人民币在电子支付领域的便利性。未来，随着国际影响力的持续扩展，央行数字货币将成为人民币国际化的重要推动力量。

（三）开放银行：让银行"无处不在"

近年来，银行提供金融服务大多通过线上进行，2020 年个人手机银行用户比例达 71%，中国的银行业务离柜交易率已达到 90% 以上[1]。随时随地享受线上金融服务似乎变成理所当然。但其背后实际上是一

---

[1] 数据来源：中国金融认证中心（CFCA）：《2020 中国电子银行发展报告》。

个关于"开放"的故事:我们使用网络平台向某银行申请贷款,个人客户只需要与平台对接,由平台与银行进行贷款服务的申请。若其中一方拒绝接入,贷款申请就会失败。具体到银行层面,正是近年来市场热议的"开放银行"。不仅仅是贷款,在支付、信用评级等过程中,"开放银行"无处不在。

1. 开放银行改变银行发展模式,是面向未来"Bank4.0"的重要途径

关于"开放银行"的理念,业界并没有官方的定义,与之类似的提法有诸如银行开放平台、无界银行等。目前 Gartner 公司的表述得到了最多的认可,其认为开放银行是一种平台化商业模式,通过与商业生态系统共享数据、算法、交易、流程和其他业务功能,使银行创造出新的价值,构建新的核心能力。在 Gartner 的定义中,"生态""共享"和"平台化"三个关键词从本质上揭示了开放银行模式的核心特征。

开放银行,开放的是金融服务,不是金融资质。相比于目前所熟知的"直销银行""互联网银行",开放银行不再仅仅只是在服务渠道或单一业务领域的数字化转型,它强调的是银行整体能力的深度开放与生态伙伴的全面合作。在开放银行的模式之下,银行与生态合作伙伴能够将金融服务资源与合作伙伴服务能力进行深度协调合作,使得银行的金融服务与我们的生活场景、消费场景深度融合,最终给客户带来更加高效、便捷和舒适的服务体验。正如布莱特·金在《Bank4.0》一书中所指出的"面向未来的银行 4.0 时代,要实现实时智能、嵌入式、无处不在的金融服务的银行模式"。

2. 全球开放银行呈现蓬勃发展态势，我国进入快速发展阶段

2015年，英国和欧盟有关部门政策先行，正式提出开放银行概念。从概念萌芽到如今成为行业热点，开放银行只用了短短的几年时间，而且在全球各地呈现蓬勃发展态势。目前，全球已有30多个国家或地区正在探索开放银行模式。其中以美国、英国、欧盟为代表的欧美国家属于监管驱动型，发展较为领先。英国最先发布开放银行标准框架，欧盟推出的PSD2①率先通过立法推进数据开放，加速了全球开放银行的探索发展。以中国香港、新加坡为代表的亚太地区则体现为政府引导开放。香港金管局出台指引，强制要求银行分四个阶段开放API，虽然引入概念较晚，但开放银行发展强劲，呈现后来居上的态势。新加坡政府则更多引导银行自主开放，鼓励银行与生态层大型企业直接对接，通过API将触角深入生态层场景。

我国银行业对于开放银行的探索，最早是在直销银行等在线银行模式基础上推出的开放式银行架构。此后，随着金融科技迅速发展，开放银行概念逐渐升温。2015年起，微众银行、网商银行、新网银行、亿联银行四家互联网银行获得银监会备案，这四家互联网银行普遍采用了开放式银行的系统架构，并以API、SDK、H5为主要的外联数据交互方式，是中国开放式银行的先行者。2018年以来，中国的开放银行进入快速发展阶段，浦发银行率先发布API Bank无界开放银行，开启我国开放银行元年。此外，国有大行和股份制商业银行也纷

---

① PSD2：即Payment Service Directive 2，欧盟支付服务修订法案第二版，简称PSD2。

纷加快了开放银行转型步伐。截至 2020 年，除这四家互联网银行外，已有近 100 家银行上线或者正在建设开放银行业务。

开放银行相关监管顶层设计、指导意见也已逐步到位。2019 年人民银行印发的金融科技三年规划提出了 27 项主要任务，其中，第 9 项就是开放银行生态建设。2020 年 2 月，人民银行发布了《商业银行应用程序接口安全管理规范》，明确商业银行可以通过 API 直接或者 SDK 间接连接方式提供应用程序接口服务，供外部机构通过互联网渠道调用，以实现银行金融服务能力和信息技术能力的对外输出。

3. 开放银行底层技术趋于成熟，行业应用百花齐放

当前，开放银行以 API 为主要技术手段，基础技术标准体系及技术平台建设能力稳步发展。API、SDK、H5、小程序等基础技术标准都已经相当成熟，在银行及其他行业得到广泛应用。

目前来看，各大开放银行选择的产品具有一定的共性，普遍包括支付产品、账户产品和资管服务等。支付和账户产品是银行的基础产品，相应的功能模块已非常成熟且容易标准化，进而形成模块化的 API 接口。除了共性内容，各家银行也在开放平台中注入了自身的特色服务。例如：众邦银行的供应链金融服务；浦发银行的小金卡业务；招商银行的一网通业务；等等。

表 4—3　国内部分开放银行服务模式示例

银行	场景内容	相关描述
农业银行	用户认证、账户管理、信用卡、支付结算、融资理财、缴费服务	全面应用 API、SDK、H5 等技术整合存量接口，支持 300 余项服务输出

续 表

银行	场景内容	相关描述
众邦银行	供应链金融、投资、融资、账户及支付	总计推出180多个接口
浦发银行	权益活动、跨境电商、小金卡、账户资金存管、基金、对公账户体系、信托业务等	投产400多个API，接入210家合作方
工商银行	账户管理、商户收单、安全认证、商户运营、投资理财、资金结算、员工薪资等	形成1000多个服务和产品标准化接口，向故宫博物院、国家电网、中国邮政等2000多家合作伙伴开放

4. 开放银行面临新挑战，但仍将是"未来银行"的发展趋势

开放银行是银行业发展的一种业态，作为经营风险的行业，开放银行的"另一面"是开放风险。一是安全方面，相对于传统银行的封闭式系统，开放银行连接银行与外部机构，增加了数据泄露和信息安全风险。二是连接效率方面，开放银行使得银行的合作伙伴数量增多，接口标准化、技术协同化重要性凸显，开放银行平台需要使合作企业能够便捷、高效部署。三是业务连续性方面，开放银行模式给金融业务的连续性带来了新的影响和要求，必须有相适应的技术和制度来匹配和保障。

虽然面临一系列挑战，但随着云计算、大数据、人工智能和区块链等金融科技新技术在开放银行领域的深入应用，开放式架构的技术实现和保障能力不断提升，无论是融入B端场景还是C端场景，在金融科技的能力支撑下，API开发、调用与支持的效率更高，账户开放、支付开放、科技开放等领域的银行开放步伐进一步加快，尽早开放、尽快开放已经成为银行抢占未来战略制高点的必然选择。

（四）财富管理：智能化、专业化已成趋势

近年来，监管引导金融资产去杠杆挤泡沫，商业银行存款竞争加剧，尤其是中小银行揽储压力加大。而与银行存款增速放缓的现状相反，以余额宝为代表的"宝宝类"理财产品投资额却一路攀升。随着大数据、人工智能等新一代信息技术的发展与应用，"宝类基金"凭借其便捷性高、流动性高、门槛低等优势赢得了大众青睐。大众财富管理的意识逐步加强，财富管理已不再是少数人专享，科技手段将助力财富管理行业为长尾用户提供更好的服务。

1. 对"财富管理"与"资产管理"的再认识

通常与财富管理一起出现的还有"资产管理"，这两者的概念十分容易混淆。那么什么是财富管理呢？它与资产管理又有什么区别？

财富管理是为客户提供包括投资组合、税务规划、遗产规划、信托服务、离岸资产服务、不动产管理、融资、慈善安排等金融服务。资产管理则是按照资产管理合同约定的方式、条件、要求及限制，对客户资产进行经营运作，为客户提供证券、基金等金融产品的投资管理服务。财富管理侧重于客户服务和产品销售，以客户为核心。而资产管理侧重于投资管理，以资产为核心。

简单而言，个人或机构投资者可以通过购买理财产品的方式将自己的资产交给财富管理机构，财富管理机构负责给投资者推荐并销售理财产品，这些专业的理财产品由资产管理机构设计，资产管理机构

同时将投资者的资产投资到不同标的上,赚取收益。

图4—3 投资者从财富管理机构购买理财产品,资产管理机构将钱投资于各类标的[①]

当前中国经济稳中求进,财富管理市场规模持续扩大。截至2018年底,中国私人财富总量达23.56万亿美元(约165万亿元人民币),较2008年增长130%,增速为全球之最。中国高净值和超高净值人群数量不断攀升,已成为带动亚太乃至全球财富增长的有力引擎。截至2019年底,中国高净值人群总量达132万人,较上一年增长近6.6%,占亚太区比例近20%。2020年,中国上榜福布斯10亿美元富豪人数达491人,财富净值总额近1.57万亿美元(约11万亿元人民币),十年复合增长率分别为8.8%和10.8%。中国百万亿规模的财富管理市场备受全球瞩目。

---

① 图片来源:中国信息通信研究院。

2. 传统财富管理行业拐点到来，智能技术助力精细化运营成为趋势

近两年来，全球传统财富管理市场稳步上升的势头受挫。2018年，以美元计的全球私人金融财富仅略增 1.6%，至 205.9 万亿美元，远低于前一年 7.5% 的增速（至 202.7 万亿美元），较 2013 年至 2017 年 6.2% 的复合年增长率（CAGR）亦相去甚远，传统财富管理行业的拐点到来。尤其是受新冠肺炎疫情影响，各类投资收入预期的不明朗使得投资者需求萎缩，财富管理和资产管理机构获客速度放缓，以降低成本和高效运营为方向的精细化运营成为必然选择。

要实现精细化运营，尤其是针对用户提供个性化的定制服务，智能化技术应用能力成为关键。例如通过智能用户运营和智能风控更加全面地分析存量客户，识别出其中的优质客户，并对这类客户分群运营，在额度、价格、收益等方面给予优惠，同时也识别出有风险的存量客户，做好风控。根据 BCG 的测算，以 AI 为代表的智能化技术可以帮助整个财富管理市场的资产管理规模实现 25%~50% 的增长，并助力各类机构实现 15%~30% 的收入提升及 25%~50% 的利润改善。

3. 资管新规下，智能化技术成为财富管理机构服务客户的关键

就我国而言，"资管新规"的出台，树立了"打破刚兑"的财富管理行业新规则，迫使"影子银行"下线，财富管理产品销售的传统渠道受到挑战，尤其是依靠高收益刚兑吸引高净值用户的模式变得难以持续。在金融行业"二八定律"（即 20% 的客户产生 80% 的利润）的影响下，如何通过应用科技手段，持续提升自身运营能力和用户价值，形成新的高效服务，从而吸引高净值客户，成为财富管理机构面临的最大挑战。

"让专业的人来做专业的事"是高净值人群的共识。81.0%的高净值人群表示在打理财富时会听取财富管理等专业机构的意见，71.4%的高净值人群会选择专业的财富管理机构量身打造资产配置方案，36.2%的高净值人群会将半数以上的财富交由机构打理。而在当前不断发展的金融市场环境下，高净值人群财富管理需求日益复杂，提供统一的普适性服务不再能够满足客户需求和财富管理业务提升与扩展的需要，通过智能投顾、智能投研等技术针对高净值客户提供个性化服务，成为财富管理行业取得突破的关键。

4. 智能技术加速深度应用，财富管理智能化转型成为趋势

从当前来看，人工智能、大数据等智能化技术在财富管理领域的应用不断加速，将助力财富管理实现更精准的客户分群、更深入的客户挖掘、更清晰的客户画像和更契合的价值主张。智能获客、智能投顾、智能风控、智能催收等体现了智能技术在财富管理全流程、全场景的深度应用；通过智能客服将客服能力从"被动响应"变成"主动响应"，完善客户的交互体验；通过大数据分析、合规机器人等技术，提升投资组合全周期风险监测及应对能力，确保财富管理机构能够应对复杂多变的市场环境，并保持稳健合规的发展。总体而言，新一代信息技术的发展将促进整个财富管理行业智能化的加速转型。

以美国财富管理行业智能投顾的技术应用情况为例，2019年美国智能投顾资产管理规模（AuM）达7500亿美元，占全球智能投顾总AuM的76%。美国智能投顾获得成功的关键，在于精准地把握"数字化程度较高的大众富裕人群"，并利用智能化技术为这类客群提供定制化服务。这类大众富裕人群年收入人均超过10万美元，大部分是工

程师、医生、律师等高薪白领，专注于各自专业领域但是缺乏投资经验。美国境内该类客群规模约 1500 万人，可管理资产预计将超过5000 亿美元，当前美国的 Betterment、Wealthfront 等机构纷纷通过智能投顾产品吸引对线上化、便捷度、费用率都有较高要求的大众富裕客群，这些机构虽然没有线下网点，但在几年内就实现了超百亿美金的管理资产规模。

（五）保险科技：万物互联，万物保险

保险科技，顾名思义，是赋能保险行业的科技。以财产保险中的火灾险为例，火灾等自然灾害造成的损失往往金额较大，而且定损困难，保险科技公司通过特定监测设备，可以 24 小时实时监测烟雾、温度、消防设施启用状态等数据，从而实现实时火灾风险分析与及时预警，帮助保险公司根据获取数据进行定损。这样一来，一方面可以帮助被保客户预防火灾发生和减少损失，另一方面也可以减少保险公司的出险率，可谓两全其美。这些监控设备综合采用了物联网、人工智能、大数据等技术，充分体现了科技手段对保险行业的有效赋能。

1. 科技赋能保险的方式逐渐从前端走向中后端

与互联网金融向金融科技的转变类似，科技赋能保险行业也是从最开始的互联网保险逐渐发展成如今的保险科技的。

保险科技的起步阶段——互联网保险阶段主要的表现是传统保险产品线上化。2007 年起，保险公司抓住网民数量快速增长的时代机

遇，突破传统线下销售渠道，效仿电商平台的比价、场景、货架等模式，实现险企、产品、客户的透明化连接。

随着线上渠道的打通和人工智能、区块链、云计算、大数据等科技能力的进步与成熟，互联网保险逐渐转变为保险科技，科技对保险行业的赋能重点也从销售渠道的扩展逐渐转移到降本增效。险企不论大小，开始高度重视保险科技对自身保险核心价值链的转型与优化。大型险企纷纷加大科研投入，积累自身科技核心能力；而中小型险企则借用科技服务商赋能保险产业链的产品设计、定价、营销、核保、承保、风控、理赔、运营等业务环节，提升公司运营能力、风控水平，改善用户体验。

2. 保险科技助力降本增效，拓宽保险业务边界

当前传统保险业正面临巨大的经营成本压力。以财产险公司为例，2018年财险公司整体ROE已经下降至4.3%，综合成本率超过100%。而保险科技有望改善保险公司的成本结构，通过智能认证、智能保顾、智能核保、远程勘查、智能定损、移动理赔、智能反欺诈等多种智能化应用落地，降低保险获客、营销、风控、赔付成本，实行成本领先战略，将价格优势转化为竞争优势。

一方面，保险科技可为保险公司降本增效。测算结果表明，现有保险公司的数字化计划，将给保险行业带来约10%的成本下降，且未来仍有更大的下降空间。例如，一些保险科技公司推出"智能闪赔"等产品，能够在半天内完成赔款到位，90%以上的案件10分钟内就能完成查勘，自助理赔率达到60%，降低了10%赔付成本。

另一方面，科技驱动保险行业产生新的需求。通过挖掘和分析更

多丰富场景内的数据，保险公司得以开发更多、更丰富的保险产品，即所谓"万物互联"带来"万物保险"的新机遇。例如手机的"碎屏险"、网购的"运费险"和"退货险"，以及基于气象数据分析结果的"气象保险"等。与此同时，以UBI车险、智能健康险定价、智能定损、远程查勘等为代表的传统保险业务的智能化升级，也成为保险业发展的新风向。

以当前热门的UBI车险为例，其采用前装设备、OBD（On-BoardDiagnostics，车载自诊断系统）设备以及智能手机，实时收集实际驾驶时间、地点、里程、加速、减速、转弯、车灯状态等驾驶信息，加以分析建模，精准地计算风险保费、设计保险产品。UBI车险结合驾驶人、车辆、路面状况等多个维度模型的分析，可以准确评估驾驶人员的驾驶行为风险等级，从而确定不同的保费级别，最终实现保费与风险的对价平衡。UBI模式的出现对于保险行业的重要意义，不仅仅在于提升保险公司风险识别及精准定价能力、提高运营效率，更为重要的是，UBI将物联网技术、大数据分析技术与传统保险精算方法相结合，实现对单体车辆风险的全面分析与刻画，促进车险运营和服务模式的革新，极大增进客户体验，是新一代保险科技应用深入的典型代表与未来发展方向。

3. 保险科技深度应用，智能化技术全面赋能保险业务全流程

保险核心价值链可以分为产品设计、营销分销、核保承保、理赔服务、资产管理等五个环节，以人工智能、云计算、大数据、区块链等新一代信息技术应用为代表的保险科技，正在深刻改变保险业务模式，重塑保险业务的核心价值链。

图4—4 智能化技术在保险核心环节的应用[①]

例如产品设计环节，通过大数据分析建立客户数据库，辅助精算师进行风险定价以及定制保险产品的开发，产品更加简单化，新型实用的产品更受欢迎；营销分销环节，通过AI与大数据基于用户画像实现精准营销，实现多个保险营销触达渠道的精细化管理；核保承保环节，保险科技的价值在于帮助企业提升风控能力，同时实现流程智能化，电子保单与自动核保的应用帮助降本增效；理赔环节，保险科技改善了传统理赔环节割裂的情况，通过大数据反欺诈、机器人客服改善用户体验，推动理赔决策自动化。资产管理环节，保险公司只有充分利用金融科技，通过更专业的金融产品设计和投资策略选择，才能实现新的可持续的投资价值增长。

---

① 图片来源：中国信息通信研究院。

4. 保险科技投入进一步扩大，行业发展前景广阔

近几年，中国保险科技发展十分迅速，2019年中国保险机构的科技投入达319亿元，预计2022年将增长到534亿元。头部保险企业和互联网保险公司的科技布局不断加速，中国平安、中国人寿、中国太保、中国人保等传统大型保险机构，均将"保险＋科技"提到战略高度，主要措施包括增加技术资金投入、出资设立保险科技子公司等。

从一级市场投融资数据来看，在全球金融科技投融资额下降的趋势下，尽管2020年一季度全球保险科技投融资表现低迷，但在第二季度后保险科技投融资活动逐步恢复，三季度投融资总额更是创下新高，前三季度保险科技投融资总额为275亿美元，已经接近2019年全年314亿美元的水平。这表明保险科技依然是资本关注的热点。同时，保险科技创业公司也正在成为金融科技领域的重要参与者。

从业务模式来看，保险科技业务一般包括面向代理人赋能、专注企业团险/场景定制、保险代理平台以及为企业提供保险技术服务。经过数年的发展，当前各个细分赛道已经有企业发展进入成熟期，预计未来三到五年保险科技领域将迎来创业企业的上市窗口期。

（六）智能风控：让风险不再是"后顾之忧"

如何精确地评估风险，怎样巧妙地经营风险一直都是金融业尝试解开的难题。对于很多虽有价值但风险无法评估、无法处置的业务，金融机构也只能"望洋兴叹"。但新一代信息技术的应用，为金

融业提供了新的思路。某电商背景的金融科技公司，通过对商品入库全程录像，特定仓位物联网设备实时监控后，将待售的矿泉水质押并迅速获得资金支持，进一步扩大采购、销售规模。而机构通过人工智能模型实现了货值自动评估，结合物流联合进行生产、运输、存储到销售的全链条数据交叉验证，有效地规避了信用风险和欺诈风险。

1. 新技术带来风控新发展，强化实体经济赋能

融资难、融资贵一直是困扰企业尤其是中小微企业发展的难题。在大力强调金融支持实体经济的当下，这一问题始终是政策制定者和诸多金融机构的郁结。央行行长易纲强调，解决中小微企业融资难是一场持久的攻坚战，金融机构一方面要提高服务中小微企业的积极性，另一方面要做好风险防控。在此背景下，利用新一代信息技术提升风险评估准确性、风险经营高效性、风险标的覆盖度，已经成为金融机构支持实体经济机制的必由之路。

据统计，中国智能风控市场规模在 2020 年超过 70 亿元[①]，占金融科技市场总比重超过 30%。自 2014 年开始，国内与金融科技风控相关的专利申请持续上升。2014 年金融科技风控专利申请数为 10 项，2019 年申请数达到 118 项，5 年间专利申请数年复合增长率达 63.82%[②]，同期居全球领先水平。截至 2020 年，诸多大型银行均已投建智能风控平台，部分已经上线使用，预计 2021 年得以规模化使用。

---

① 数据来源：亿欧智库。
② 数据来源：零壹智库：《中国金融科技风控报告 2020》。

2. 5G+物联网拓展数据来源，进一步提升风控智能化水平

随着5G+物联网技术的不断应用，"万物互联"时代正在加速到来。万物互联为金融行业带来了更加丰富的基础数据资源，尤其是非结构化数据，如长短不一的视频、大小各异图片等的引入，为金融风控注入了全新的数据基础能力。在合法合规的前提下，金融机构可借助5G、物联网等技术从多维度获取用户数据，进行用户信用风控评估。

伴随着5G、物联网与区块链等技术的融合应用，实现物物、人物的价值交互和信用传递的技术能力不断提升，数据实现实时收集、实时传输，风控由对原有静态数据的把控提升至动态的生产领域的全程全网风控，风控思维、风控手段和流程都将发生颠覆性变化。例如5G、物联网和区块链等技术将助力金融机构动产融资贷前审核、贷中监控和贷后管理等环节向全程透明可视化、智能化转变，进而带来金融业风控模式的全新突破。

针对个人用户，可结合多样化终端获取用户的交易习惯和服务偏好等信息；针对企业用户，可通过远程了解企业真实经营情况和抵质押物实时状态。同时，还可创新性地实现远程线上贷款申请、线上授信、视频授信、贷后管理等信贷服务模式，从贷前、贷中、贷后构筑智慧信贷风控防线，打造多维风控新模式，大幅度提升金融行业风控智能化水平。

3. 全程全网的智能风控升级，带来动产融资模式的全新突破

我国动产融资业务的前景广阔，相较我国70万亿的动产规模，目

前金融业可以接受用于融资的动产规模只有 5 万亿左右[①]，而从国际情况看，动产贷款量约占动产总量的 60%～70%，动产的融资潜能有待开发。其症结在于金融机构无法获取动产的全面信息，难以确保应对风险事件的效率和效果，动产融资面临"看不住、抢不过、处置难"的风险痛点，商业银行的传统动产融资模式无法突破动产融资中的既有风险，亟待新的技术手段以寻求突破。

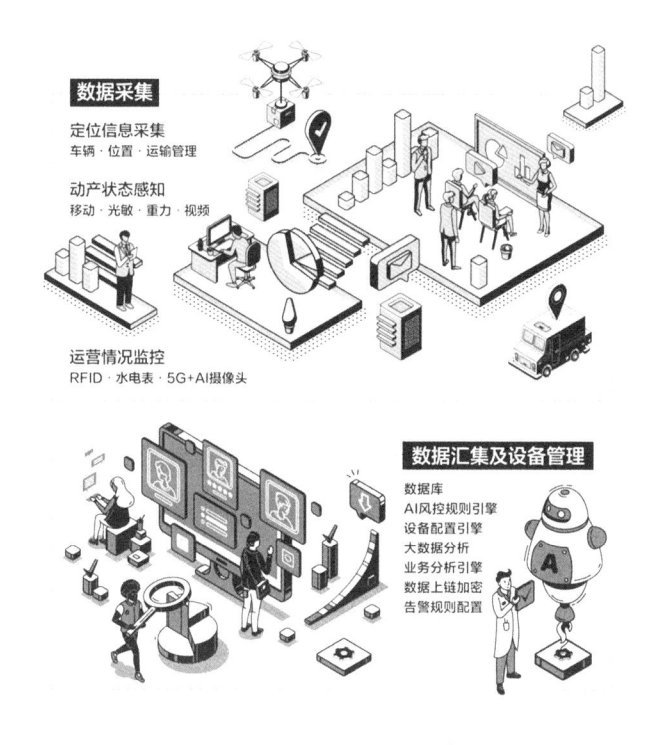

图4—5　动产融资结构[②]

某运营商开展动产质押融资监管，连接仓储服务商、金融机构、外部货品行情等数据系统，实现了业务处理全线上办理及授权，质押

---

① 数据来源：世界银行。
② 图片来源：中国信息通信研究院。

物状态全局可视化，质押物资产价值、企业征信变动、企业关键人风险等的全程可视化，资产相关变动的风险预警和主动告警服务。既可应用于大宗商品、室内大件商品、室外堆场、室内高附加值小件商品等的质押融资监管场景，也可部署在室外移动场景。

借由该系统，商业银行可以在贷前、贷中和贷后阶段实现精准化管理。在贷前调查与审批阶段，银行可以通过物联网智能终端开展有效的调查，直观地观察到企业运行状况、质押物情况、货物交易情况、财务状况、经济行为等大数据，从而基于客观的偿债能力信用评级对融资方给予还款能力和经营情况匹配的授信额度；在贷后管理环节，银行可以借助物联网技术实时监测融资方的经营状况和质押物库存情况，一旦发现异常则可以第一时间作出风险识别。

4. 联合建模打破数据屏障，风控能力共享互通成为新方向

2019 年以来，监管部门加大了对风控领域，尤其是大数据应用方面的整顿力度，行业内不合理、不合规的现象得到有效整治。随着《网络安全法》《数据安全法（草案）》等法律法规相继颁布，政府对风控数据应用层面的监管更加严格。

由于金融行业特有的"客户群体广泛、数据资金量大、隐私保密性高"等属性，金融数据的安全及风险防范一直是金融机构重点关注的领域。为进一步提高金融机构的数据管理和安全防护水平，相关部门相继出台金融安全相关政策，不断强化对金融数据安全的重视程度。2020 年 4 月 13 日，央行、银保监会等联合提出《金融数据安全分级指南（送审稿）》，指导金融机构对金融数据进行合理定级与利用，落实金融数据生命周期安全管理策略，确保金融数据的安全应用。

目前来看，金融行业仍面临着打破"数据孤岛"与实现"隐私保护"两大挑战。为应对挑战，行业内不断开展升级智能风控能力的探索，一个重要方向是在联邦学习、多方隐私安全计算等技术的支撑下，拥有不同数据源的多方主体，能够在数据安全和合规要求下，实现以数据分析结果应用为导向的联合建模和结果共享。

金融机构拥有海量客户信贷信息，而数据源公司掌握着大量用户的行为数据和场景数据，可为金融机构补充用户画像标签信息。通过联邦学习，数据提供方无需交换真实数据即可借助其他方数据进行联合建模。这既能打破数据屏障，实现互联互通，让不同数据拥有方聚沙成塔，又能保护各自的数据安全和用户隐私。通过联邦学习等技术手段，联合金融机构和数据源公司建立合规风控模型，风控能力的共享互通将是未来金融风控大方向。

五

金融科技的"落地生根"

近年来,我国高度重视金融科技发展,不断完善顶层设计,出台多项政策,引导产业规范健康发展。地方政府积极落实中央部署,通过打造试点、建设园区、设立专项基金等多项措施,合力推动金融科技产业发展。各类金融科技市场参与主体充分发挥自身优势,加快落实技术创新,推动金融行业数字化转型,形成了层次丰富、主体多样、结构完善的金融科技产业生态,金融科技在中国"落地生根"并逐渐壮大。

(一)国家顶层规划逐步完善,细分领域政策不断深入

1. 国家顶层规划趋于完善,试点先行的政策导向逐步明确

首先,以央行发布金融科技规划为标志,我国金融科技政策的顶层设计逐步完善。2019年9月,中国人民银行发布《金融科技(Fin-

Tech）发展规划（2019—2021年）》，首次从国家层面对金融科技发展作出全局性规划，明确提出了未来三年我国金融科技工作的指导思想、基本原则、发展目标、重点任务和保障措施。与此同时，相关部门相继成立或整合专业部门及组织机构，不断完善金融科技监管体制。以证监会为例，2020年6月，证监会新部门"科技监管局"正式入列，履行证券期货行业金融科技发展与监管相关的八大职能。同时，证监会也对信息中心、中证数据、中证技术的职能进行了调整，形成了科技监管局、信息中心、中证数据、中证技术为主体的科技监管工作体系。

表5—1 各部委金融科技相关职能部门

部委	成立部门/机构	成立时间	主要职责
人民银行	金融科技委员会	2017年5月	加强央行对金融科技工作的研究规划和统筹协调
银保监会	创新业务监管部	2018年8月	承担银行业和保险业金融科技等新业态监管策略研究等相关工作
证监会	科技监管局	2020年6月	履行证券期货行业金融科技发展与监管相关八大职能

其次，国内金融科技发展在多领域采取"试点先行"的探索模式，体现了"先试点，再推广"的政策导向。一是组织金融科技应用试点。2019年以来，人民银行等六部委在北京、上海、江苏等十省（市）开展金融科技应用试点，探索金融科技应用新模式和新空间。此次试点制定了应急与退出机制，采用风险拨备资金、保险计划等补偿措施，建立了多层次、立体化的综合风控体系。二是开展金融科技创新监管试点。2019年12月，人民银行在北京市率先启动金融科技创新监管试点，提出建立刚柔并济、富有弹性的创新试错容错机制，打造符合

中国国情的"监管沙箱"。2020年4月,监管试点扩大到上海、重庆、深圳、雄安新区、杭州、苏州等6个市(区)。三是开展数字货币等金融科技相关试点。2020年8月,商务部提出在京津冀、长三角、粤港澳大湾区及中西部具备条件的地区开展数字人民币试点。同时,相关部门积极组织小微企业数字征信试验区等各类金融科技相关试点,推动金融科技应用落地。

2. 细分领域监管政策不断深入,金融科技应用安全是关注重点

当前,国内金融科技细分领域的相关政策在不断完善,监管机制逐步建立。2019年以来,一系列金融科技细分领域监管政策相继发布,涉及金融科技技术标准、业务规范、风险管控等多个方面。通过金融科技产品认证和备案管理等措施,结合金融科技产品认证管理平台建设等信息化手段,不断强化对金融科技细分领域技术、业务和产品的有效监管。

表5—2　2018—2020年金融科技相关重点政策

发文日期	发文机构	政策名称
2020年12月	中国银保监会	《互联网保险业务监管办法》
2020年7月	中国银保监会	《商业银行互联网贷款管理暂行办法》
2020年2月	中国人民银行	《个人金融信息保护技术规范》
2019年8月	中国人民银行	《金融科技(FinTech)发展规划(2019—2021年)》
2019年8月	国务院	《关于促进平台经济规范健康发展的指导意见》
2019年1月	互联网金融风险专项整治工作领导小组办公室	《关于做好网贷机构分类处置和风险防范工作的意见》

续　表

发文日期	发文机构	政策名称
2018年12月	中国人民银行	《金融机构互联网黄金业务管理暂行办法》
2018年10月	中国人民银行、银保监会、证监会	《互联网金融从业机构反洗钱和反恐怖融资管理办法（试行）》
2018年8月	中国证监会	《中国证监会监管科技总体建设方案》
2018年8月	中国互联网金融协会	《关于防范虚构借款项目、恶意骗贷等P2P网络借贷风险的通知》
2018年8月	P2P网络借贷风险专项整治工作领导小组办公室	《关于开展P2P网络借贷机构合规检查工作的通知》《网络借贷信息中介机构合规检查问题清单》
2018年5月	中国银保监会	《银行业金融机构数据治理指引》
2018年3月	互联网金融风险专项整治工作领导小组	《关于加大通过互联网开展资产管理业务整治力度及开展验收工作的通知》

同时，金融科技应用安全成为细分领域监管政策中提及最多的方面。新出台的金融科技安全相关政策、通知，涵盖了金融信息与数据安全、网络安全、移动应用安全、平台安全、业务安全等多个方面，同时配套相关专项行动，采取重点检查、随时抽查等多种举措，对金融科技产业相关主体进行点对点监管核查，体现了对金融科技安全的高度重视。

表5—3　"一行两会"发布的金融科技政策

发文机构	发布时间	政策名称
人民银行	2020年4月2日	《关于开展金融科技应用风险专项摸排工作的通知》
	2020年2月3日	《关于发布金融行业标准　做好个人金融信息保护技术管理工作的通知》
	2020年2月3日	《关于发布金融行业标准　加强商业银行应用程序接口安全管理的通知》
	2020年2月5日	《网上银行系统信息安全通用规范》

续 表

发文机构	发布时间	政策名称
人民银行	2019年10月28日	《金融科技产品认证目录（第一批）》《金融科技产品认证规则》
	2019年9月27日	《关于发布金融行业标准加强移动金融客户端应用软件安全管理的通知》
银保监会	2020年7月17日	《商业银行互联网贷款管理暂行办法》
证监会	2020年8月14日	《证券公司租用第三方网络平台开展证券业务活动管理规定（试行）》征求意见
	2020年7月24日	《证券服务机构从事证券服务业务备案管理规定》
	2020年3月20日	《关于加强对利用"荐股软件"从事证券投资咨询业务监管的暂行规定（2020年修订）》
	2020年2月26日	《证券期货业投资者权益相关数据的内容和格式》
	2020年1月23日	《证券公司风险控制指标计算标准规定》
	2019年9月30日	《证券期货业软件测试规范》
	2018年12月19日	《证券基金经营机构信息技术管理办法》

来源：根据公开资料整理。

3. 疫情影响下，金融科技提升实体经济服务能力成为政策热点

在新冠肺炎疫情影响下，发挥金融支持作用，为企业复工复产和经济平稳运行提供金融资源支持的需求更加凸显。在此情况下，利用金融科技提升金融服务实体经济能力，成为金融科技相关政策关注的新热点。

一是政策强调运用金融科技手段落实企业信贷支持政策，助力企业融资。银保监会、工信部等六部门出台《关于进一步规范信贷融资收费 降低企业融资综合成本的通知》，要求银行利用金融科技手段为供应链上下游企业提供快捷的增信服务；人民银行、工信部

等八部门出台《关于进一步强化中小微企业金融服务的指导意见》，鼓励商业银行运用大数据、云计算等技术建立风险定价和管控模型，改造信贷审批流程。二是政策鼓励通过金融科技赋能产融合作，强化产业与金融信息交流共享。疫情期间，为支持扩内需、助复产、保就业，工信部及相关部委出台《中小企业数字化赋能专项行动方案》及《关于组织申报第二批产融合作试点城市的通知》等政策，明确提出深化产融合作，提高产融对接平台服务水平，为企业获得低成本融资增信，提升中小企业融资能力和效率。同时，工信部积极建立产融合作平台，充分利用大数据、云计算等信息技术手段，依托各地工业和信息化系统，建立方便、快捷、高效的信息沟通交流渠道，实现企业融资需求网上申请、即时汇总、分类整理、及时推荐，提高产融信息对接效率，利用金融科技手段推动普惠金融，降低中小微企业融资成本。

图5—1 工信部产融合作平台首页[①]

---

① 数据来源：产融合作平台网站，可从工信部官网政务服务入口进入产融合作平台。

(二)各地积极发展金融科技,产业区域集聚效应明显

1. 各地出台金融科技专项政策支持产业发展

随着金融科技国家顶层规划的逐步明确,各地对于发展金融科技产业的积极性更加突出,陆续出台一系列政策引导金融科技产业发展。自 2018 年以来,北京、上海、深圳、广州、重庆、成都、苏州等全国主要一、二线城市都相继出台了金融科技相关的产业扶持政策,引进优质金融科技企业、高端人才,促进、鼓励、扶持金融科技发展。

表 5—4　地方政府金融科技专项政策汇总

地区	时间	出台政策
北京	2020 年 9 月	《北京加快推进国家级金科新区建设三年行动计划(2020—2022 年)》
	2018 年 11 月	《关于首都金融科技创新发展的指导意见》
	2018 年 10 月	《北京市促进金融科技发展规划(2018—2022 年)》
上海	2020 年 1 月	《加快推进上海金融科技中心建设实施方案》
	2019 年 10 月	《关于促进金融科技发展,支持上海建设金融科技中心的指导意见》
广州	2018 年 10 月	《广州市关于促进金融科技创新发展的实施意见》
深圳	2017 年 3 月	《关于促进福田区金融科技快速健康创新发展的若干意见》
杭州	2019 年 5 月	《杭州国际金融科技中心建设专项规划》
宁波	2018 年 3 月	《宁波保税区管理委员会关于加快推进金融科技产业创新发展的实施意见》
湖南	2020 年 4 月	《关于支持湖南金融中心发展的若干措施(试行)》
	2019 年 5 月	《湖南湘江新区管理委员会关于支持金融科技发展的实施意见(试行)》

续 表

地区	时间	出台政策
苏州	2019年12月	《苏州工业园区关于金融科技发展实施意见的管理细则》
成都	2020年5月	《成都市金融科技发展规划（2020—2022年）》
	2019年4月	《关于支持金融科技产业创新发展的若干政策措施》
重庆	2020年4月	《重庆市人民政府办公厅关于推进金融科技应用与发展的指导意见》

整体来看，各地方主要从顶层设计、人才政策、资金政策以及相关配套政策等几个方面布局及鼓励金融科技产业发展。

顶层设计方面，地方政府出台产业规划、产业发展指导意见等政策文件，明确当地金融科技发展目标思路及未来重点任务。例如北京市于2018年10月印发《北京市促进金融科技发展规划（2018—2022年）》，提出要把北京建设成为具有全球影响力的国家金融科技创新与服务中心，并且提出五项具体工作目标。同时，文件明确了北京市发展金融科技的重点任务及空间布局上的规划。

人才政策方面，除了人才引进、人才激励政策外，地方政府也积极探索有针对性的人才培养、人才互认政策，为地方金融科技发展储备力量。以"深港澳金融科技师"专才计划为例，该计划是在对标国际CFA的基础上，由深圳、香港、澳门三地金融监管部门于2019年3月共同推出的人才计划。专才计划通过推进分级培训和考试工作，培育和筛选优质金融科技人才、构建人才培养机制和生态体系，为湾区建设国际科技创新中心发展提供人才基础。

资金政策方面，地方政府通过给企业财政补贴、住房优惠、项目启动资金等多种形式，切实为金融科技企业提供资金支持。以苏州工业园区为例，2019年12月，园区出台了《苏州工业园区关于金融科技发展实施意见的管理细则》，对等金融科技项目、功能区、科技载体给出了明确的申请、认定条件，并分项给予不同的资金支持。如对银行设立金融科技公司，项目人员不少于200人的，给予5亿元财政性存款倾斜。

相关配套基础设施方面，地方政府通过建立专业化服务机构及大数据服务平台，为地方金融科技发展助力。例如重庆市在《关于推进金融科技应用与发展的指导意见》中提出，要建设国家金融科技认证中心及重庆市金融大数据服务，提供金融科技认证及金融标准化服务，同时推动金融与其他行业领域数据资源对接，夯实金融科技创新的数据基础。

2. 我国金融科技产业呈现地区集聚特征

从地域来看，我国京津冀、长三角、粤港澳等三个地区金融科技产业发展较为领先，已形成优势明显的金融科技聚集区。

（1）京津冀：首都资源禀赋优越，金融科技区域协同不断加深

一方面，北京市作为我国科技创新中心，科技综合实力强劲，为京津冀发展金融科技提供强大的技术支持。北京市是国家级科技创新中心核心区，汇聚了清华、北大等多所顶尖高校以及中关村国家重点自主创新示范区，人才储备和科技创新要素丰富，产学研协同效应明显。在这些优质资源支持下，北京市汇聚了大量优质科技企业。以人工智能为例，截止到2020年6月，北京人工智能相关企业数量约1500家，占全国的28%，居国内首位，产业呈现集聚发展态势。[①]

[①] 数据来源：北京智源人工智能研究院：《2020北京人工智能发展报告》。

另一方面，京津冀协同发展战略实施以来，三地金融协作程度不断加深，金融科技协同发展分工明确。根据《京津冀协同发展人民银行三地协调机制》，三地金融功能分工为：北京为金融管理，天津为金融创新运营，河北为金融后台。北京地区聚集的金融机构总部类型丰富，体系完善，金融服务领域广泛；天津借助滨海新区、自贸试验区等大力推进金融产品、金融工具等方面的创新和先行先试；河北地域广阔，基础设施完善，加大"中国北方金融产业后台服务基地"建设，为承接京津金融后台服务业务奠定坚实基础。三地分工明确，金融科技发展协同不断加深。

（2）长三角：金融资源丰富、环境开放，金融科技发展基础良好

一方面，上海市作为国际领先的金融中心及国家重要的金融开放创新地区，金融资源优越，吸引和培育了众多金融科技企业。相关数据显示，截至2020年6月，上海集聚了股票、债券、期货、货币、票据、外汇、黄金、保险、信托等各类全国性金融要素市场和基础设施，是全球金融要素市场和基础设施最齐备的城市之一；上海也是中外金融机构最重要的集聚地之一，各类持牌机构超过1600家，其中外资金融机构占30%以上，在沪金融从业人员已超过47万人。[①] 同时，众多金融科技企业也汇聚上海，例如上海浦东新区汇聚了中国银行、中国建设银行设立的金融科技子公司，花旗、瑞银、摩根士丹利等外资金融机构旗下的金融科技公司，以及银联、支付宝等金融科技公司。上海金融集聚区建设成效明显。

---

① 上海市金融局：《上海国际金融中心2020：金融从业47万人，持牌机构1600家》，新华网2021年3月20日。

另一方面,上海与周边区域的金融协作水平持续提高,资源的互利共享为长三角金融科技发展提供了良好环境。上海定位于国际金融中心,金融体系完备,辐射能力强;江苏金融体系相对成熟,农村金融较为发达;浙江金融民营性特征突出,第三方支付发展尤为迅速。长三角地区这种互利互惠的金融发展模式,为推动区域金融科技发展发挥了重要作用。

(3)粤港澳大湾区:世界级金融与科技机构强强结合,奠定金融科技发展基础

2019年,粤港澳大湾区经济总量超过11万亿元,金融业作为占据粤港澳大湾区经济主导地位的产业,其产值占GDP比重达11.3%[①],金融行业基础优越。同时,粤港澳三地金融、产业互补优势明显。一是广东省在人工智能、大数据、工业互联网、云计算等数字产业率先发展和不断突破。以5G为例,截至2020年底,广东全省已建成5G基站12.4万座,产业规模、用户数和基站数位居全国第一。[②] 作为特区之一的深圳也已形成完备的先进制造业集群和领先的新兴产业,拥有包括华为、腾讯和大疆等一大批新型科技企业。同时,随着创业板注册制顺利实施、全国首个绿色金融地方立法、数字货币落地试点等各项金融创新举措的推动,深圳金融科技产业有新突破。

二是香港作为中国对外的国际金融枢纽,拥有完善的金融系统以及国际领先金融科技创新水平。截至目前,香港共拥有超过600

---

① 数据来源:同花顺iFinD金融数据终端。
② 数据来源:广东省工业和信息化厅。

家金融科技公司,相关领域的投资款额超过11亿美元。政府陆续当局发放8个虚拟银行牌照、2个虚拟保险公司牌照,以及15个储值支付工具(电子钱包)牌照,其中大部分已投入运营[①]。另外,澳门借助澳门科技大学在现代信息技术研究和金融服务、金融监管研究等多个关键领域的优势,建设"澳门金融科技创新研究院"。同时,澳门借助"互联网+"发展跨境电商以及人民币离岸市场发展,澳门证券交易所也正在积极筹备建设中。未来,粤港澳三地产业优势互补,继续加深金融科技领域的开放程度和合作进程,推动粤港澳大湾区一体化发展。

(三)产业主体不断丰富,行业协同趋势明显

1. 市场主体不断丰富,产业合作不断深入

(1) 市场各方成立专业化运营的金融科技子公司

一是央行多地布局金融科技公司。截至2020年8月,人民银行陆续在深圳、苏州、北京等地成立深圳金融科技有限公司、长三角金融科技有限公司以及成方金融科技有限公司等三家金融科技公司。这些央行系金融科技公司在重大共性技术研发、重大创新应用突破及核心标准制定等方面优势明显,有望在升级监管科技手段、推动金融科技深度应用方面发挥重要作用。

---

① 数据来源:香港政府新闻处。

表 5—5 央行金融科技公司概况①

成立时间	注册地	机构名称
2020 年 7 月	北京	成方金融科技有限公司
2019 年 3 月	苏州	长三角金融科技有限公司
2018 年 6 月	深圳	深圳金融科技有限公司

二是成立金融科技子公司成为大中型银行的共识选择。当前，各大银行金融机构更加注重通过自身力量建立金融科技核心竞争力，而成立金融科技子公司已成为大中型银行完成这一目标的共识选择。截至 2020 年 8 月，国有五大行及大部分股份制银行均已拥有独立的金融科技子公司。大中型商业银行成立金融科技子公司，一是为了加强内部信息化基础设施建设；二是在依托母公司优势基础上，在金融科技业务场景化、生态化、智能化方面进行探索；三是通过金融科技子公司整合技术、业务、资源及经验优势，对外输出技术能力，加强金融科技生态构建。

表 5—6 大中型银行成立金融科技子公司情况②

编号	金融机构	金融科技子公司	注册时间
1	农业银行	农银金科	2020 年 7 月
2	交通银行	交银金科	2020 年 1 月
3	中国银行	中银金科	2019 年 6 月
4	北京银行	北银金科	2019 年 5 月
5	工商银行	工银科技	2019 年 3 月
6	华夏银行	龙盈智达	2018 年 5 月

---

① 数据来源：根据公开资料整理。
② 数据来源：根据公开资料整理。

续　表

编号	金融机构	金融科技子公司	注册时间
7	民生银行	民生科技	2018年4月
8	建设银行	建信金科	2018年4月
9	光大银行	光大科技	2016年12月
10	招商银行	招银云创	2016年2月
11	平安集团	金融壹账通	2015年12月
12	兴业银行	兴业数金	2015年11月

三是非金融业巨头进军金融科技生态圈。近年来，不少传统行业大型集团企业依托自身庞大数量的优质客户以及上下游完善的产业链，纷纷拥抱技术，进军金融科技生态圈。从三大运营商到仓储邮政行业顺丰，从电力行业国家电网到汽车行业吉利控股，作为各行业龙头，各家企业通过成立金融科技子公司，尝试第三方支付、消费金融、供应链金融、零售信贷等产品，并试图从自身集团体系拓展至外部用户。例如三大运营商自2011年起，就陆续成立子公司，进军金融科技行业。

表5—7　三大运营商金融科技公司情况

运营商	金融科技公司	成立时间	主要业务方向
中国电信	天翼电子商务有限公司	2011年3月	金融数据底层处理、ARVR购物支付、多媒体融合支付
中国联通	联通支付有限公司	2011年4月	提供跨互联网、移动网络POS网络的支付解决方案
中国电信	中移动金融科技有限公司	2018年9月	融合支付、信用分、智能风控

再例如国家电网也积极布局金融科技，于2016年1月成立了全资子公司国网电子商务有限公司（国网金融科技集团），该公司聚焦电子

商务、金融科技、数字经济三大领域,建设"电e宝、国网商城、国网金融科技、国网新能源云、国网商旅云、跨境电商、综合能源服务共享平台、能+大数据征信平台、国网双创"九大平台。

图5—2 国家电网金融科技领域业务布局①

(2) 传统金融IT企业强化与互联网企业合作,完善业务生态布局

为满足金融机构数字化转型需求、进一步提升市场竞争力,传统金融IT企业与互联网企业在竞争中合作,一方面发挥传统金融IT服务商在金融垂直领域的产品、运营及生态优势;另一方面发挥互联网企业的技术、渠道及平台优势,实现双方优质资源互补,完善各自的

---

① 资料来源:中国信息通信研究院。

业务布局与生态建设。

整体来看，传统金融IT企业与互联网企业的合作一般采用投资并购、共同出资成立金融科技子公司、开展重点业务与重点市场层面的合作等三种主要模式，来实现合作价值的最大化。

表5—8 传统金融IT企业与互联网企业合作情况①

领域	企业名称	合作时间	合作内容
银行IT领域	宇信科技	2020年1月	获得来自百度约6亿元战略投资
	东华软件	2020年1月	引入腾讯科技作为第三大股东
	科蓝软件	2019年3月	与蚂蚁金融云签署合作协议
	高伟达	2018年5月	与蚂蚁金服签署战略合作协议，并与蚂蚁全资子公司共同投资伟达金科
	长亮科技	2018年4月	引入战略股东腾讯并达成金融云合作
证券IT领域	金证股份	2020年6月	与京东数科签署战略合作协议
	恒生电子	2019年3月	引入蚂蚁金服作为直接控股股东
保险IT领域	中科软	2018年7月	与灵雀云达成深度战略合作

（3）互联网金融科技企业更加强调科技能力输出与服务

在金融行业监管趋严、科技能力重要性提升及市场重心转变等多方面因素的推动下，互联网属性的金融科技企业更加强调自身科技属性，并将为金融机构提供科技能力输出和服务作为发展重点。近年来，360金融、蚂蚁金服、京东金融、百度金融、小米支付等代表性互联网企业相继调整、优化业务范围并更名，明确了技术能力输出的长期战略定位。

---

① 资料来源：根据公开资料整理。

表 5—9　代表性互联网企业改名前后业务变化①

原名称	现名称	业务/战略变革要点
360金融	360数科	加大前沿科技领域投入，投身于数字金融新基建
蚂蚁金服	蚂蚁集团	全面服务社会和经济数字化升级
京东金融	京东科技	提供科技输出，业务形态由"B2C"转变为"B2B2C"
百度金融	度小满金融	搭建金融服务平台，构建金融科技生态
小米支付	小米数科	在如何更好地满足用户的金融科技服务需求上发力

从提供互联网金融服务到提供解决方案和技术支持，互联网企业的集体转型并不是偶然。首先，互联网企业强化科技属性是监管趋严的表现。随着金融监管不断加强，金融业务的开展必须持有金融牌照，支付、征信、基金销售、小额贷款、消费金融等业务领域都受到政策约束，非金融性机构提供技术和科技服务比直接从事金融业务更有保障性。其次，相比与金融机构在纯金融业务上的竞争，互联网企业在前沿技术领域深耕多年，优势明显。随着前沿技术在金融机构数字化转型中扮演的角色越来越重要，互联网企业强调科技输出是大势所趋。再者，企业级服务市场正在成为新蓝海。在C端客户市场价值趋于饱和、消费互联网加速向产业互联网转型的背景下，企业级服务市场具备更多的发展空间和市场机遇，互联网企业强调科技输出对于B端和G端市场的开拓更加有利。

2. 业务与科技融合不断深入，代表性应用层出不穷

一方面，我国传统金融行业在金融科技助力下，从感知、连接、存

---

① 资料来源：根据公开资料整理。

储、计算、处理、安全等多个方面为金融行业赋能,促进传统金融行业产品创新、业务升级以及流程再造。以证券行业为例,数字技术对获客、投资、交易、风控等全流程进行了深刻变革,我国证券金融机构数字化转型重点转变为强化新一代信息技术在投资、顾问、产品、合规、风控、信用等证券领域的深度应用。例如,银河证券把金融科技应用和智能化转型提升到战略高度,早在2017年就开始采用机器学习算法模型,对大数据进行分析建模,并基于大数据平台搭建智能营销引擎。基于该引擎,银河证券开始为客户匹配适合的产品组合,实现"千人千面"、产品自助自动销售,提升了客户体验。该引擎上线一年内,通过线上智能营销的年产品销售额就达到了同类产品销售额的36%。

另一方面,金融科技的力量不仅体现在传统金融业务范围内,也同时催生出了许多新的金融业务。而这其中,又以移动支付、数字货币最为典型。号称中国"新四大发明"之一的移动支付已经成为中国消费者应用最普遍的支付方式,并且作为中国新的"国家名片"被世界所熟知。以支付宝及财付通为代表的第三方支付通过打造综合性开放平台及庞大的流量入口,吸引了大量线下商户、企业等加入生态,完成了对支付应用场景地的不断深入渗透。数字货币方面,我国央行数字货币应用试点正以"城市+银行"双路径模式开展,推行速度走在世界前列,测试内容主要集中在零售支付场景,覆盖了生活缴费、餐饮服务、交通出行、购物消费等多个领域。数字货币条码支付、近场支付等多元支付方式并存,可满足当前消费者对支付便捷、高效的需求。

3. 金融科技持续受到资本关注,细分领域投融资表现突出

企业上市方面,我国金融科技企业保持较快节奏。2019年,我国

新增上市金融科技企业9家，全年融资总额达9.2亿美元，较2018年同比增长24.6%[①]。2020年，尽管受到疫情影响，也有4家金融科技公司在沪深两市IPO。截至2020年11月，除慧择保险略有下跌之外，其余三家公司均实现了市值翻倍：京北方股价增长131%，凌志软件增长173.68%，移卡科技/乐刷增长135%。另外，除了寻求在内地交易所上市的金融科技企业外，2020年也有其他多家金融科技企业成功在美国、中国香港交易所上市，包括已在美国纳斯达克上市的金山云、慧择保险、亿邦通信，以及登陆港交所的移卡科技等。

投融资方面，我国金融科技行业在实现七年快速增长后略有下滑。2013年至2019年，以蚂蚁集团、京东数科、度小满等为代表的金融科技公司进入高速成长期后，都各自完成了金额庞大的战略融资。其中，蚂蚁金服2018年完成C轮融资140亿美元，占当年全球上半年金融科技总融资额的近25%，京东金融完成20亿美元战略融资，百度旗下的度小满金融也完成了19亿美元的战略融资。

2019年末至2020年，金融科技领域投资活跃度略有下滑。主要原因包括：一是疫情因素。国内经济活动停摆，短期经济走势受到影响，压制了资本市场风险偏好。尤其是国际疫情扩散后，国内面临疫情回流的风险，部分行业的全球产业链也受到影响，对于国内的投资业绩和投资业务开展都产生了一定冲击，金融科技领域的投资也因此降温。二是监管因素。我国金融科技的监管经过几年不断的探索和发展，思路逐渐明确，方法也走向成熟。从监管部门重拳出击数据治理，到P2P平台全面清零，大型金融科技企业在合规监管要求下，进行了

---

① 2018年新上市的金融科技企业当年融资额为7.38亿美元。

大规模业务整改，金融科技领域投资也从起初的"大水漫灌"逐渐回归理性和成熟。三是市场因素。随着我国金融科技水平的不断提高，各个金融科技分支应用的发展方向和科研领域已经初步成型。金融科技逐步成为金融业务发展的关键，行业对金融科技公司的科技能力有了更高要求，资本也转而青睐于成熟的企业而非初创型企业。

细分领域投融资方面，支付科技领域表现突出。相关数据显示，2015年至2019年，我国支付科技领域的投资规模最大，所获得投资金额占中国金融科技投资总额的46%。紧随其后的是互联网贷款、投资与交易、财富科技三大领域，共占总投资比重的35%。其他领域包括保险科技、数据与分析、基础设施和企业软件、区块链和加密货币以及融资平台类公司。[①] 需要注意的是，尽管支付科技领域投资规模最大，但仅蚂蚁金服（后更名为蚂蚁集团）截至2018年的融资规模就达到了人民币千亿规模。目前我国面向个人（C端）的支付市场主要由蚂蚁集团旗下支付宝和腾讯旗下财付通所占据，两家合计市场份额超过90%[②]。

（四）金融科技监管更加规范化，金融开放带来竞争新形势

1. 金融科技监管范围持续优化，平台监管进一步加强

我国金融监管部门明确要求按照金融科技的金融属性，把所有的金融活动纳入统一的监管范围，金融科技创新监管趋严。2020年11

---

① 数据来源：Fintech Global.
② 数据来源：东兴证券。

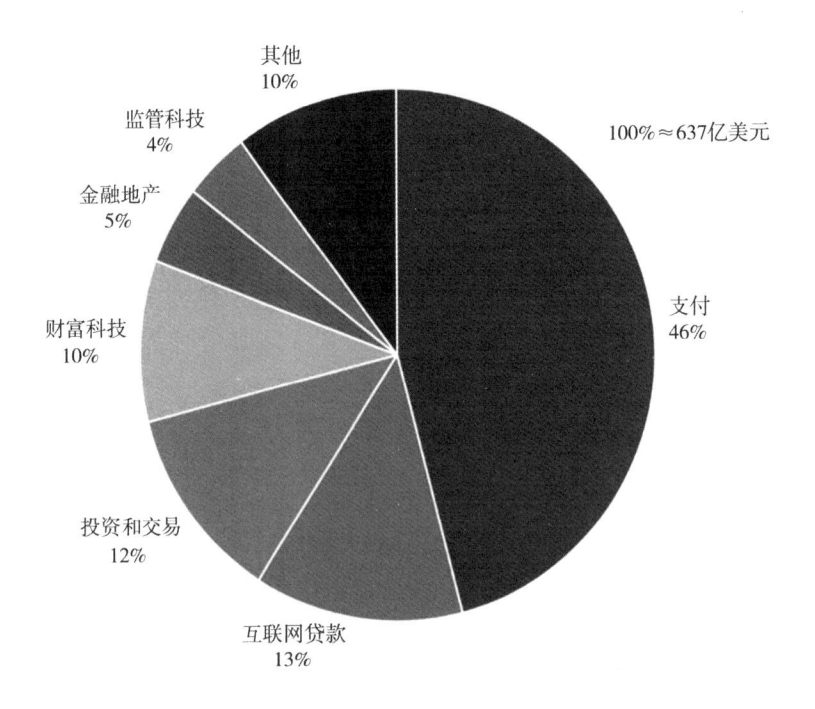

图5—3　2015—2019年中国金融科技各细分领域投资占总投资笔数①

月3日，上交所宣布暂缓蚂蚁集团科创板上市。一时间，关于新金融与旧金融、创新与监管、现行监管规则等方面的争论不绝于耳。我国监管体制不够健全及监管有相对滞后性给金融科技留下了很大的发展空间，各类从事金融服务的大型科技公司迅速壮大。从本质上来说，科技公司提供的技术创新只是将新的信息形态以新的信息处理方式（如人工智能算法）引入金融中介活动，金融科技的发展并没有颠覆金融体系或者改变金融业务的本质。② 而技术的应用如果得不到有效监管，则会放大金融风险、扭曲市场，危害金融稳定。因此，为规范业

---

① 数据来源：Fintech Global.
② 张非鱼：《关于金融创新与监管的几点认识》，《第一财经日报》2020年10月31日。

务发展、防范化解金融风险,必须对金融科技中承担风险的业务环节进行监管,并遵循金融监管的一般规律,这也是我国金融监管部门的政策导向之一。2020年底,银保监会明确,一方面支持金融业在风险可控的前提下进行合理创新,同时坚持创新是为实体经济服务,要为实体经济做贡献;另一方面将按照金融科技的金融属性,把所有的金融活动纳入统一的监管范围。

同时,我国针对金融科技平台及业务反垄断力度也在进一步增强。近年来,在金融科技行业,"赢者通吃"、利用数据垄断优势、阻碍市场公平竞争、获取超额利益的大型科技公司及平台受到监管部门的高度关注。2020年底,银保监会主席郭树清明确表示,要关注"大而不能倒"风险,少数科技公司在小额支付市场占据主导地位,涉及广大公众利益,具备重要金融基础设施的特征。一些大型科技公司涉足各类金融和科技领域,跨界混业经营。必须关注占市场主导地位的科技公司的风险的复杂性和外溢性,及时精准拆弹,消除新的系统性风险隐患。

例如2021年1月,中国人民银行对外发布《非银行支付机构条例(征求意见稿)》,该意见稿中专门提出了强化支付领域反垄断监管措施,明确界定相关市场范围以及市场支配地位认定标准,维护公平竞争市场秩序。2020年11月,市场监管总局起草了《关于平台经济领域的反垄断指南(征求意见稿)》,对"大数据杀熟""搭售""二选一"等具有市场支配地位的经营者从事滥用市场支配地位的行为作出了详细规制,明确了市场支配地位分析认定依据。相关政策的出台向外界传递了金融科技反垄断的强烈信号,有利于督促相关市场主体主动建立合规管理体系,积极做好反垄断合规管理,同时促进市场长远健康发展。

2. 金融开放带来竞争加剧，驱动金融科技企业能力提升

金融开放程度不断加深，国内机构需要应对更大的外部竞争压力。2019年，银保监会、证监会、国务院金融稳定委相继发布银行业保险业对外开放12条、资本市场对外开放9条以及金融开放11条等对外开放措施。随着我国金融业对外开放持续深化，外资金融机构在华商业存在形式不断丰富、业务范围进一步扩大，外资准入条件及持股比例进一步放宽。在此背景下，国际金融机构在中国金融市场的参与深度将不断提升。在金融科技领域，国内企业也将直面国外金融机构的竞争压力。以摩根大通为例，其2019年科技投入占公司营收的10%，技术人员占比超过20%，拥有全球31个数据中心。在科技力量的有力支撑下，摩根大通在2019年成为全球范围内第一个在资产管理行业采用股票自动化交易技术的公司，其ROE（净资产收益率）也从2015年的10.2%提升至2019年的19%。

而相比于国外金融机构而言，国内金融机构的科技投入仍有一定差距。中国银行业协会《中国上市银行分析报告2020》数据显示，2019年，国内大中型上市银行平均科技投入占营业收入比例约为2%，平均科技人员占比约为4%。在金融业加大开放力度的情况下，面对国外金融机构依托科技力量实现的金融服务免佣金或低费率等竞争模式，国内金融机构的核心业务模式和营收能力都将面临新的竞争压力。发展和提升金融科技能力，是国内金融科技主体面对更加开放的金融市场，并提升国际竞争力，实现"走出去"发展的必然选择。

六

金融科技的"他山之石"

2017年3月底,全球投资管理公司贝莱德宣布,将裁掉40个交易员工作岗位,同时用深度学习的股票交易算法,取代部分投资经理,也就是说,未来对投资组合的搭配和管理、交易策略的制定与执行,将由人工智能来完成。利用金融科技降低人力成本在华尔街早已不算什么大新闻,据风投巨头安德森预计,随着金融科技应用的进一步深化,未来可能会有10万名金融从业者失去工作。华尔街在这场变革中,只是最鲜明的一抹剪影,金融科技带来的影响,早已扩散到了全球金融的各个角落。

金融科技的产生发展于20世纪末就初见端倪。早在1980年左右,FinTech这个词就已经在华尔街业界使用,而金融科技作为一个产业在诞生之初产业生态基本由市场力量塑造,并未有明显的外部力量介入。然而时至今日,金融科技已引起了世界范围的重视,诸多传统金融强国不仅将金融科技纳入本国的发展规划,同时出台了一系列针对性政策促进金融科技产业集聚。在此背景下,创新企业纷纷涌现,各种场景应用层出不穷。

从地域分布来看,全球金融科技发展呈现北美、亚洲、欧洲走在前列，其他地区发展稍缓的格局。与此同时，众多潜力较大的新领军者多分布在亚洲与欧洲，依靠巨大的市场、年轻人口比重高的环境、强劲的政府支持等优势在金融科技领域寻求突破。

（一）美国金融科技发展实践
——兼具成熟的金融市场与强大的科技实力，金融科技全面均衡发展

自1999年《格雷厄姆—里奇—比利雷法案》颁布后，美国银行业重新进入混业经营模式，银行业务向全金融业拓展，宽松的管制为银行业的发展带来极大推动力。但大型银行具备资本、用户、渠道等多方面优势，能以较低的成本进入市场，跑马圈地，因此，初创企业和中小型机构不得不利用科技以打造自身的差异化特色，成为金融科技发展的内生动力。

1. 金融市场与科技能力的"双轮驱动"

美国具备健全的金融市场体系，金融创新十分活跃。美国金融市场经过几百年的发展，其产品和服务均有了全方位的成熟体系，在金融创新的激励和包容、金融市场的深度和广度、从业人员和投资者的素养和参与度等方面均处于领先地位。金融市场的高流动性和投资者对新型金融工具的需求为金融创新提供了源源不断的动力，其中银行业发展较早，寡头银行们实力雄厚，互相之间的竞争也暗流涌动，大银行们一直在非常积极地利用科技手段进行金融服务的创新以增强竞争力。金融服

务体系也一定程度上影响了金融创新的方向，比如在个人支付领域，目前发达的信用卡体系已能较好满足市场需求，因而一些面向个人的线上支付平台如 Paypal、Cash Square 的业务渗透还有限。

美国的金融科技发展得益于其科技研发能力优势。作为信息技术革命发源地和引领者，美国金融机构在金融科技的研发和应用上展现了强大的能力。截至目前，最前沿的金融科技技术、最富活力的金融科技企业以及几乎全部的金融科技商业模式创新都源自美国。根据 IPC（International Patent Classification，国际专利分类）分类领域统计，美国在与银行业务密切相关的核心专利方面明显领先全球，其中支付专利数占全球的 65%，系统安全专利数占全球的 65%，电子商务专利数占全球的 73%，后台业务及管理专利数占全球的 59%。

2. 金融科技的区域建设"各有千秋"

分别坐落于东西海岸的华尔街和硅谷是美国金融科技的"主战场"。美国的金融科技源自硅谷，硅谷坐拥大量的科技人才，具有新创意的初创科技公司在形成方案后，能够利用自研或外部的研发支撑能力快速打造出产品；同时具备成熟互通的金融科技生态系统，大型风投基金早已对金融科技产业孵化轻车熟路，名声在外的初创企业很容易获得投资。2019 年全球 29 家金融科技独角兽企业中，9 家位于硅谷①，四大科技企业 Google、Apple、Facebook、Amazon 也持续布局金融科技领域，包括扩大投资、参股并购等。

华尔街作为全球金融中心，依托庞大的资本基础和既有的金融业

---

① 数据来源：胡润研究院。

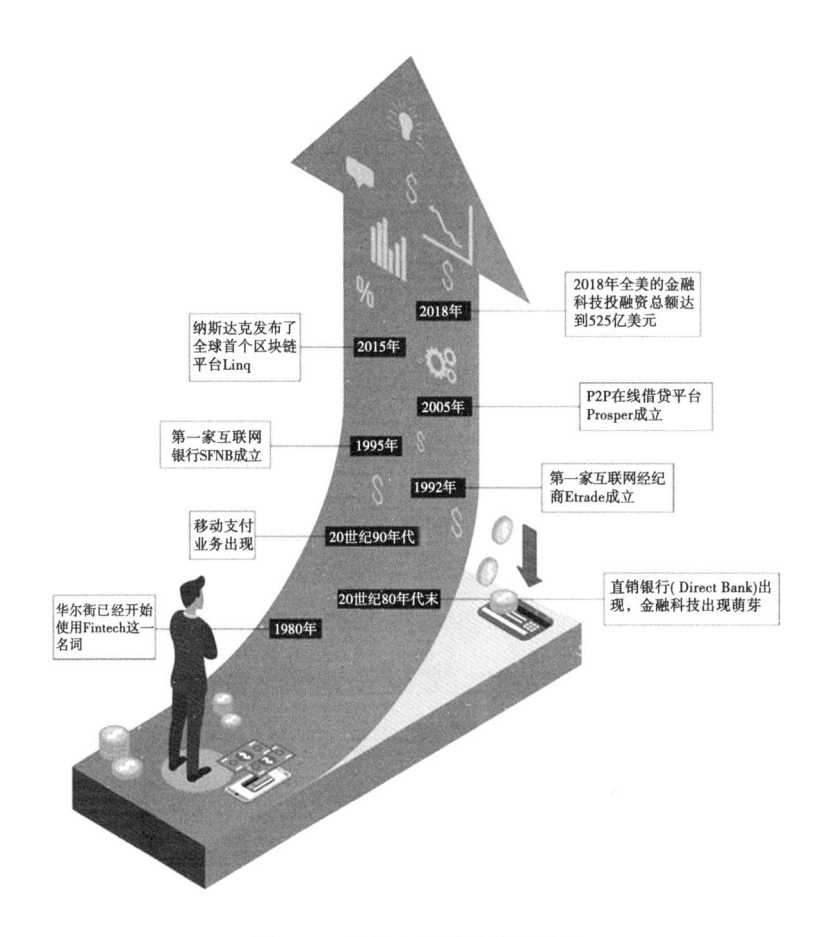

图6—1 美国金融科技发展历程

务人才，同样涌现出一批金融科技团队。以人工智能为代表的金融科技，正在华尔街的传统金融业务中扮演着越来越重要的角色，由其驱动的量化交易、智能顾投等金融新业态，也很早就得到了关注，2010年至2016年，纽约市金融科技风险投资总额由2.2亿美元猛增至24亿美元。高盛集团高管曾表示，过去十多年内，高盛纽约总部有600个交易员岗位被200个电脑工程师所取代，人工智能主导的量化交易已逐渐在二级市场交易中占据主导地位。

3. 顶层框架和细分体系"相得益彰"

美国金融体系历史悠久，经历百年来多次金融风暴，金融法规和监管相对成熟。其政策主要体现出如下特征：一方面，采取灵活的监管政策，归口管理与准入监管并举，抓住金融科技所涉及的金融业务本质，按照其功能纳入现有金融监管体系，包括进行归口管理，对尚未纳入金融监管体系的新业态，积极探索准入监管；另一方面，政府鼓励金融创新，提供"定制"监管框架，早在2017年1月，白宫国家经济委员会就发布了美国金融科技监管框架白皮书"A Framework for FinTech"，明确将金融科技发展作为提升国家竞争力的重要手段，表示政府将积极为金融创新保驾护航。

表6—1 美国金融科技政策动态梳理

阶段	时间	政策动态
细分体系完善	2020年10月	司法部长William P. Barr公布《加密货币：执法框架》
	2020年9月	众议院通过《数字分类法》及《区块链创新法》，将提交参议院审议
	2020年5月	国会代表提交《推进区块链法》提案
	2020年4月	证券交易委员会为受到新冠肺炎疫情影响的小微企业提供暂时、有条件的救助措施，暂时减少和免除企业进行众筹融资的发行时间、所需财务报表等相关要求
	2020年1月	众议院表决通过了《2020年全面信用报告增强、披露、创新和透明度法案》
	2019年9月	美国消费者金融保护局与多个州的监管部门合作，启动美国消费者金融创新网络
	2019年7月	美国参议院商业、科学和交通委员会批准了《区块链促进法案》
	2019年4月	美国金融业监管局宣布设立金融创新办公室

续　表

阶段	时间	政策动态
细分体系完善	2018年12月	美国证券交易委员会发起首例针对智能投顾平台的诉讼
	2018年11月	美国证券交易委员会发起首例针对ICO的诉讼
	2018年11月	美国证券交易委员会发布"数字资产声明",规定代币发行须遵循证券交易法
顶层框架搭建	2018年9月	美国众议院通过了《金融科技保护法》
	2018年7月	美国货币管理署宣布,开始接受金融科技公司的国民银行执照申请
顶层框架搭建	2018年6月	美国财政部FinTech监管改革报告中提出,建立监管沙箱和特许状
	2018年5月	美国消费者金融保护局将与商品期货交易委员会合作建立金融科技监管沙箱
	2017年1月	美国国家经济委员会发布了金融科技监管框架"A Framework for FinTech"白皮书

4. 传统机构与新兴公司"同台竞技"

美国的传统金融机构和新兴科技公司都在大力发展金融科技。传统大银行积极地利用科技进行金融服务的创新,如摩根士丹利、高盛都已成立了自己的金融科技团队,建立数据中心、finTech实验室等。金融科技初创企业则更多涉及新领域新业务模式,例如个人财富管理、智能投顾、P2P借贷、征信风控、智能核保等,同时也积极寻求与大银行之间的合作。

金融科技公司发展迅速,2020年美国金融科技50强中共有13家企业估值超过20亿美元[①],比2019年增加5家。其中支付巨头Stripe增长迅速,估值达到350亿美元,是估值第二大金融科技公司Ripple

---

① 数据来源:福布斯。

图6—2　美国典型金融科技企业示例

的约3.5倍。数字化银行Chime的估值只用了9个月就从13亿美元增至58亿美元。

从融资情况看，支付类企业融资最多，达到151亿美元，数字化银行融资额涨幅最大，较2019年增长157%，所获融资为77亿美元，2018年则为30亿美元。从数量上看，支付类企业上榜数量为9家，房地产领域上榜企业为7家，保险科技和区块链领域上榜企业均为6家。

（二）欧洲金融科技发展实践

——强监管之下，化零为整的创新探索

欧洲国家包括欧盟在金融科技领域比较突出的一个特点是强调监

管。不管是早些年《通用数据保护条例》构建的个人隐私信息保护防线，还是2020年通过的两部数字法案为跨国巨头套上的"紧箍咒"，抑或是欧洲长久以来不断精进的反洗钱"传统技能"，从监管层面都为欧洲金融科技的发展画好了"警戒线"。不过，欧洲多国各不相同的经济状况和监管法规，加上欧盟的统一货币和自由交易，衍生出了欧洲金融科技企业百花齐放的局面，多家金融科技企业也成立了"欧洲金融科技联盟"，进而共同促成了欧洲金融科技呈现新的特点。

1. 金融科技发展环境"纷繁复杂"

全球金融科技发展主要依靠数据和技术这两个核心驱动力，欧洲也不例外。但是，欧洲独特的经济和政治环境也赋予了其金融科技发展以特殊环境。

首先，欧洲具有传统的工业技术优势，可以为金融科技的发展提供良好的技术创新环境，企业的创新探索精神也将成为推动欧洲金融科技的助力。其次，欧洲大部分国家都有丰富的科技、金融业人才资源，这些人才都是金融科技市场的主要参与者和创业主力军。但是语言障碍和对传统金融的偏好等文化因素也在一定程度上阻碍金融从传统银行融资向新式多样化筹资机制转变。最后，欧洲一体化进程增加了欧洲金融科技发展的复杂性。欧盟内部货币的统一，为金融科技尤其是第三方移动支付的发展提供了便捷的货币结算条件；欧盟统一的市场和内部各种生产要素的自由流通，也为金融科技企业提供了更加广阔的市场发展空间和更加广泛的数据来源。但是欧盟一些固有矛盾也会对欧洲金融科技的发展形成一定的阻碍。比如，欧盟内部经济发展的不平衡性和法规的不一致性，会使金融科技的监管变得复杂。

2. 金融科技创新实践"百花齐放"

欧洲国家的状态激发了许多创造性的独立金融实践。欧洲各不相同的政策经济环境刺激了投资市场的发展、公司企业的再创造、超级银行的诞生以及全新金融分析方法的出现。作为现代科学的诞生地和工业革命的摇篮,多数欧洲国家的科技发展水平居于世界前列,其研发资金投入、科技国际合作、研究人员培养与吸引也有力地巩固了其科技的领先地位。

一方面,欧洲各国培育孵化了众多著名的金融科技公司,并获得了软银等风险资金的投资,业务和估值增长迅速。有近 30 家金融科技公司入选《2019 毕马威金融科技全球 100 强》,其中居于前列的金融科技公司主要分布在数字银行和支付领域。这同欧洲各国传统金融服务发达,国家分布碎片化导致金融服务费率较高,普遍重视数据安全与隐私保护等地理、政治、经济环境息息相关。

另一方面,欧洲金融科技企业成立联盟联合发展。为了消除欧盟成员国之间的官僚壁垒,以使企业拥有更多融资渠道、消费者拥有更多跨境投资选择,在 2020 年 6 月,多家欧洲金融科技企业于布鲁塞尔成立"欧洲金融科技联盟"(European FinTech Association),成员单位覆盖支付、贷款、银行、智能投顾、身份验证、软件即服务等多个金融服务领域。

3. 严格监管政策下的"推陈出新"

欧洲国家众多,各国法律法规各不相同,总体对金融科技大多保持严格监管的态度。但欧洲各国在监管创新上力求紧跟市场发展,如英国创新式的"监管沙盒"项目,为金融科技、新金融等新兴业态提供"监管实验区",支持初创企业发展。

表6—2 欧洲金融科技政策梳理

发布方	时间	内容简要
欧盟	2020年12月	欧盟委员会向欧盟立法机构欧洲议会及欧盟理事会提交了《数字市场法》和《数字服务法》草案
	2020年10月	欧洲中央银行(ECB)发布《数字欧元报告》
	2020年9月	欧盟委员会将与欧洲区块链伙伴关系(European Blockchain Partnership)合作测试欧洲区块链服务基础架构(EBSI)中的区块链和数字资产用例
	2020年9月	欧盟委员会正式通过了新数字金融一揽子计划
	2020年4月	欧盟就未来数字金融与金融科技发展发起意见征询
	2020年4月	欧盟委员会发布《咨询文件:欧洲新数字金融战略咨询/Fintech行动计划》
	2019年12月	欧盟发布金融科技监管、创新与融资的30条建议
	2019年12月	欧洲央行法定数字货币PoC首度曝光,小额交易可实现匿名
	2019年10月	欧洲银行业管理局发布2020年工作计划
	2019年1月	欧盟多家机构携手发布金融科技监管报告
	2018年3月	欧盟委员会发布金融科技行动计划
	2018年3月	欧洲银行业管理局发布金融科技路线图
英国	2020年3月	英国金融行为监管局(FCA)更新《反洗钱条例》加强对加密货币洗钱的监管
	2019年10月	英国央行制定Libra监管规则
	2019年7月	FCA发布加密资产最终指南
	2019年4月	英国金融行为管理局发布年度业务计划,金融科技再次成为关注重点
	2018年3月	英国发布金融科技行业战略
	2017年4月	英国财政部发布的《监管创新计划》(Regulatory Innovation Plan)
	2015年11月	英国金融行为管理局(FCA),制定"监管沙盒"(Regulatory Sanbox)

续 表

发布方	时间	内容简要
瑞士	2020年3月	瑞士派发首个金融科技许可证
	2019年8月	瑞士金管局发布新规，严厉打击区块链洗钱犯罪
	2019年6月	瑞士修订沙盒监管条例，推出全新金融科技许可类别
	2018年12月	瑞士金融市场监督管理局发布新Fintech许可证指南
法国	2020年12月	法国开始征收数字税
	2020年7月	法国央行选择八家金融科技公司参加数字欧元实验
	2019年12月	法国央行计划在2020年一季度测试数字货币
	2019年4月	法国允许保险服务商投资加密货币和代币
德国	2020年3月	德国监管部门将加密货币列为金融工具
	2019年9月	德国政府颁布区块链战略，旨在防止稳定币成为替代货币
意大利	2020年2月	意大利经济和财政部就监管沙箱草案向公众征求意见
	2018年12月	意大利国家证券交易委员会叫停违规加密货币项目
	2018年11月	意大利国家证券交易委员会叫停违规加密货币服务
波兰	2018年8月	波兰政府公布了加密货币纳税的立法提案
西班牙	2018年5月	西班牙国会通过监管区块链技术和加密货币的立法草案
立陶宛	2018年3月	立陶宛央行为区块链监管沙箱平台招标

欧盟十分重视科技企业的公平竞争，严格限制跨国科技巨头的垄断和不正当行为。欧盟近两年来启动了更为严格的调查和对违规行为的惩罚性罚款。为了让这些监管行为更为规范和有效，欧盟在2020年12月15日发布了两条将会影响大型科技公司运营模式的新立法提案，其中一条是针对非法内容的《数字服务法案》，一条是针对反竞争行为的《数字市场法案》。如果违反该法案的规定，平台将面临高额罚款，多次违法的垄断企业甚至可能将会被拆分。

欧盟谨慎权衡个人信息保护与金融科技发展的平衡。欧洲过去过度的个人信息保护一定程度限制了金融科技的发展，所以欧盟通过最新的判例放松了对个人信息保护力度，以促进金融科技的发展。2018年5月生效的《通用数据保护条例》（GDPR）适用于所有涉及在线或线下存储个人资料信息的行为，为金融科技的发展提供了有益的政策支持与监管框架构建。

将反洗钱作为优先事项，并将数字货币加入反洗钱体系。以英国为例，英国对洗钱的定义非常宽泛，监管比美国或其他欧洲国家更严，任何犯罪收益的清洗都属于洗钱行为，犯罪不论轻重，金额不设限制。英国法律把金融交易认定为洗钱犯罪时，无须认定金融交易是否有洗钱的设计或目的，甚至不需要涉及钱，因为反洗钱立法涵盖了任何形式的资产。也就是说，任何人只要涉及获得性犯罪，在英国的立法中都属于洗钱犯罪。

4. 科技赋能金融业务"拓土开疆"

欧洲金融科技企业的发展可以说是百家争鸣，然而最为亮眼的金融科技企业多带有促进金融国际化和普惠化的特征，推出的产品也普遍具有赋能企业开展国际业务的功能。

说到金融国际化就不得不提到欧洲致力于资金跨国流通的汇款机构TransferWise。TransferWise通过将汇款金额与其他的用户汇款需求匹配来实现其汇款，并使用资金池使用本地银行支付转账，此过程避免了货币转换和跨境转移。TransferWise的最大优势在于定价的透明度和较低的手续费，平均汇款手续费是英国银行汇款手续费的1/9，每年为600万人节省超过10亿英镑成本。2020年新冠肺炎疫情的发生给TransferWise带来了更多商机，平台数字化解决方案用户大量增加，2020 年其最新估值达到了 50 亿美元。

金融普惠化以英国最有价值的金融科技公司 OakNorth 为例，该企业是一家英国数字银行，它用普惠金融的理念和金融科技的手段，彻底重新定义了英国银行对中小企业贷款的模式。OakNorth 平台为借贷双方提供数据和技术驱动解决方案，从而在整个贷款生命周期做出更快、更明智的决策。企业旗下开发有人工智能平台"ACORN"，通过把各个行业的贷款数据进行整合，并进行信用风险分析，致力于为中小企业贷款提供数据驱动的决策支持。此外，还可以实时监控同一行业的其他贷款，为用户提供一个基准系统和早期预警系统来主动监测风险。至今它已经向英国企业提供了 40 亿美元的贷款，没有出现一次信用违约事件，是全球成长最快的金融科技企业之一。

（三）加拿大金融科技发展实践
——搭建国际金融科技"企业孵化器"

受人口及地理因素影响，相较"科技巨头"美国，加拿大在金融科技领域的存在感稍显薄弱。作为金融科技大国美国的邻居，加拿大似乎以自然景观见长，与中美相比，加拿大虽地域辽阔但人口过于稀少，同时其科技成就大都被纳入北美区域，因而在科技、经济等其他方面的存在感不强。尤其近几年伴随着新兴技术的迅速发展，中国各类创新商业模式突飞猛进，相比之下加拿大更显平淡，经常被戏谑为"大农村"。为紧跟全球金融科技发展步伐，近几年来，加拿大政府加大了金融科技建设力度，一跃成为全球金融科技六大市场之一，其良好的金融科技企业初创环境吸引众多高端科技人才,构建了良好的创业新生态。

1. "先天优势+后天培养"共建初创摇篮

加拿大先天的地理优势更有利于其承接美国丰富科技资源。比邻金融科技大国美国,加拿大一方面能借鉴美国在金融科技领域布局的成功经验,另一方面能及时掌握美国金融科技的最新动态。同时,美国的科技企业普遍愿意将加拿大作为新市场开拓的第一选择,相较于其他国家,美国国内丰富的人才资源更乐意向加拿大引流。

加拿大政府对金融科技呈积极态度。加拿大央行也逐渐热衷于金融科技,加大了与学者,私营部门展开合作,建立并测试项目的力度,助力于公众更好地了解新的金融技术。如加拿大中央银行积极参与了世界银行、国家支付系统、证券交易所、运营商等公司共同开展的区块链实验,研究如何运用区块链技术有效地对证券进行清算和结算,并大幅降低手续费。

加拿大具备良好的金融科技企业初创环境。从全球来看,加拿大金融科技市场相对较小,但它却是建立创新公司最好的市场之一。安大略省是除硅谷外科技企业最为集中的地方。多伦多和沃特卢地区大学集中,为公司提供了许多工程师和开发人员。相较竞争激烈的硅谷,加拿大初创企业间竞争态势较为平缓,建立新公司的门槛较低。焕然一新的创企格局吸引了许多海外的加拿大人回流,构建了良好的创业新生态。

2. 前期投入提振金融科技"厚积薄发"

在政府的积极推动下,加拿大持续推动在金融科技领域的建设及投入，其科技创新能力也在逐步提升。为紧跟全球金融科技发展步伐，加拿大政府加大了金融科技建设力度，其在新兴技术，如人工智能、区块链等方面的学术研究与产业化发展日益成熟。以人工智能为例，加拿大仅3000万人口，却拥有60多个AI实验室、600多家AI初创企业及40多个加速器和孵化器。毕马威公布的全球Fintech100强排名中，加拿大占了2家。虽然与美国15家，中国10家相比仍有较大差异，但考虑到人口规模，加拿大正逐渐提升其科技创新力。

加拿大金融科技发展速度表现亮眼，本土金融科技公司呈现蓬勃发展趋势。根据安永国际会计师事务所发布的《2019年全球金融科技采纳率指数》显示，虽然加拿大的全球金融科技采纳率指数仍低于全球平均水平，但从2017年的18%跃至2019年50%，采纳率显著提升，其本土金融科技公司发展速度亮眼。

加拿大移动支付普及较高。根据市场研究机构Forex Bonuses研究结果表明，在无现金支付方面，加拿大是世界上最先进的国家，紧随其后的则是瑞典和英国。加拿大依靠人均信用卡持有量而夺冠，Forex Bonuses表示在加拿大几乎每人都至少有两张信用卡，非现金支付占了总支付数额的57%。

3. 以区块链应用及监管为政策核心

加拿大政府在推动金融科技发展时，重点关注区块链技术的应用及监管科技的建设，区块链技术成为加拿大政府新政策的核心。为实现全面化金融科技布局，加拿大政府积极推动设立多个金融科技相关组织机构并通过一系列金融科技相关政策的颁布，确保监管措施的实施匹配金融科技产业发展速度，保障了金融科技的蓬勃发展，推动金融科技的种子在加拿大生根发芽。

表6—3 加拿大金融科技政策梳理

时间	政策
2020年12月	加拿大监管机构与澳大利亚ASIC签署金融科技合作协议，扩大两国信息共享框架，推进两国间互相推荐创新金融科技业务
2019年8月	加拿大政府发布一份全新的《服务和数字政策》，对该国政府服务未来的方向进行了概述，其中区块链技术和人工智能是帮助推动政府部门数字化转型的首选技术
2019年5月	加拿大银行（中央银行）和新加坡金融管理局联合成功完成了使用央行数字货币进行的跨境和跨货币支付试验
2018年11月	加拿大银行、英格兰银行和新加坡金融管理局（MAS）联合发布报告以评估加强跨境支付和结算的替代模式
2017年2月	加拿大证券监管机构（CSA，Canadian Securities Administrators）宣布建立"监管沙盒"机制

"监管沙盒"机制逐步建立，政府积极探索跨境支付和结算新模式。负责监管加拿大各省市证券市场的加拿大证券监管机构宣布建立"监管沙盒"机制，该机制面向加拿大市场上真正的金融创新企业，其目的是在适当保护投资者利益的前提下，进一步推进金融产品、服务和应用的创新。在跨境支付和结算方面，加拿大银行、英格兰银行和新加坡金融管理局（MAS）发布了一份联合报告，用以评估加强跨境支付和结算的替代模式。该报告研究了跨境支付现存的问题，探讨改善跨境支付速度、成本和透明度的替代模型，为全球金融界提供了一个初步框架，以便更深入地评估跨境支付和结算模式。

区块链技术和人工智能成为加拿大政府数字化转型首选。新加坡金融管理局和加拿大银行成功完成了使用央行数字货币进行的跨境和跨货币支付试验，旨在通过实验提高跨境支付效率和降低风险。同时希望全球金融界在此试验的基础上共同努力,降低跨境支付的成本,并提高其速度和安全性,让国际支付变得更好、更快、更便宜。加拿大政府发布了一份全新的《服务和数字政策》,对政府服务未来的方向进行了概述,明确以区块链技术和人工智能作为推动政府部门数字化转型的首选技术。

4. 本土化与国际化企业的双向融合

在政府部门的大力推动下,加拿大吸引了众多国内外优秀科技企业扎根布局。本土各大金融机构争先恐后加大金融科技投入,科技企业纷纷向银行、保险、证券等领域布局,以科技手段助力金融行业数字化转型。Square,Mastercard,VISA,金雅拓,Ingenico 和 Giesecke&Devrient 等移动支付领域全球解决方案提供商都选择在加拿大开展业务,并且顶级公司的名单还在不断扩大。

图6—3 加拿大典型金融科技企业

除了这些优质的大型跨国企业，加拿大本土也有一些优秀的金融科技新秀。据数字金融研究所（Digital Finance Institute）发布的报告显示，加拿大前50大金融科技公司分布在商用保险、移动支付、消费者信贷和电子商务等领域。报告显示，许多成功的加拿大金融科技公司不仅利用技术来解决金融领域的本地问题，而且还提供全球范围内的解决方案。

（四）新加坡金融科技发展实践
——科技加持，"金融中心"成功转型"金融科技中心"

有金融与科技"双强"的美国和金融历史悠久的欧洲在前，新加坡也紧跟步伐，成为金融科技的后起之秀。新加坡凭借着自身的地理优势，大力发展国际贸易，因此新加坡有着很好的国际金融基础。新加坡在全球金融科技中心的"抢椅子"决赛中占有一席之位，得益于新加坡花时间花精力打造金融科技发展环境。

在没有硅谷那样聚集的科技企业资源的情况下，新加坡政府在金融科技创新领域投入大量资金和其他资源，并为创新技术的推广提供宽松的环境，帮助初创公司在市场上验证自己的商业模式，以此吸引科技企业入驻新加坡。同时新加坡借助自己很好的金融基础，融合众多入驻的科技企业，成功地从一个"金融中心"摇身一变成了"金融科技中心"。

1. 发展"底蕴"浓厚，监管环境良好

新加坡的经济发展基础坚实充分。作为东南亚最大的海港、重要

的商业城市和转口贸易中心，新加坡同时也是国际金融中心和重要的航空中心。国际贸易作为新加坡的三大经济支柱之一，使新加坡得以发展成为全球商业、金融和交通枢纽。独立后的新加坡经济发展引人注目，被称为亚洲四小龙之一。根据国际货币基金组织统计，2018年年底新加坡人均GDP为64041美元，世界排名第7位。新加坡也是东南亚国家联盟（ASEAN）和ASEAN自由贸易区的一部分，为ASEAN支持地区的经济增长和合作作出了重要贡献。

新加坡有完善的金融监管体制。新加坡作为世界上最早开始进行金融监管的国家，监管机制已经十分完备。新加坡崇尚高度的法制和严格的管理，其金融监管主体——新加坡金融监管局（MAS）履行着央行和金融业监管机构的双重身份，拥有较高的独立性和权威性。同时，新加坡金融监管部门对金融科技发展持积极态度。随着投资额的增长，MAS于2015年成立了金融科技和创新团队（FTIG），且计划五年内投入约1.57亿美元支持金融科技发展。MAS认为作为中央银行，重要的不是如何利用技术，而是其对于技术将改写未来的态度。监管法规不应该超出创新发展速度，以创造空间和机会，方便金融行业试验、创新并使用技术来提供更好的金融服务，同时更好地管理风险。因此，新加坡政府对金融创新较其他国家更开放。

2. "总部经济"助力形成"金融科技中心"

新加坡已成为东南亚"金融科技中心"。新加坡一直被认为是亚洲科技之都，跨国公司和金融机构都把这里作为亚洲业务总部首选。早在2016年新加坡就集中了2.6万家国际公司，且"财富500强"公司中的1/3都在新加坡设立了亚洲总部。新加坡的这种特有的"总部经济"使得其在发展金融科技时如鱼得水。目前，新加坡已经成功将自己打造成了东南亚"金融科技中心"。2020年东南亚金融科技企业总估值已达1080亿美元，其中新加坡以600亿美元的价值总额高居首位，相关企业数量和市场估值均遥遥领先排名第二的印度尼西亚（350亿美元）和排名第三的越南（50亿美元）。[①] 2020年新加坡基于雄厚的金融和科技产业基础、出色的科研创新能力以及良好的政策监管环境，已形成自己独特的发展路径，在全球金融科技中心城市国家中位列第九。[②]

3. 创新"快捷沙盒"迭代监管机制

整体而言，新加坡政府从战略规划制定、监管方式转变、资金支持、流程简化等多个方面全面推动整个国家的金融科技行业发展。

新加坡政府首先发布了一系列扶持科技企业的政策，当大量科技企业入驻之后，新加坡政府及时发布监管政策文件，确保监管措施的实施与金融科技产业发展速度相匹配，为金融科技的发展提供了保障。

表6—4 新加坡金融科技政策梳理

时间	政策
2020年8月	新加坡金融管理局（MAS）宣布实施"强化金融部门技术与创新计划"（FSTI2.0）
2020年6月	新加坡金融科技协会（SFA）宣布面向金融科技企业推出"金融科技服务提供商合规准备框架"
2020年5月	新加坡知识产权局推出快速通道，加速金融科技等技术的专利申请

---

① 数据来源：英国咨询公司Dealroom、欧洲风投公司Finch Capital、印度尼西亚风投公司MDI Ventures：《东南亚金融科技的未来》（*The Future of Fintech in Southeast Asia*）。
② 数据来源：浙江大学—蚂蚁集团金融科技研究中心、浙江大学国际联合商学院、浙江大学互联网金融研究院：《2020全球金融科技中心城市报告》。

续　表

时间	政策
2019年8月	新加坡金融管理局正式创建"快捷沙盒"(Sandbox Express)监管机制
2018年4月	新加坡知识产权局推出Fintech Fast Track加速项目
2017年12月	新加坡金管局推出七项措施促进Fintech产业发展

同样重要的是，新加坡政府及时匹配制定了监管政策，为金融科技发展提供了监管保障，创造了良好的创新环境。2016年6月，新加坡金管局推出"监管沙盒"，并于2019年8月迭代创建"快捷沙盒"(Sandbox Express) 监管机制，为创业企业测试创新金融产品和服务提供更快捷的选择，也是对此前监管沙盒计划的一种有型补充。除了完善金融科技监管环境建设以外，金融科技企业自身在监管下合规经营并形成可持续经营模式，也是金融科技生态建设的重点之一。2020年6月，新加坡金融科技协会（SFA）宣布面向金融科技企业推出"金融科技服务提供商合规准备框架"。框架旨在通过帮助金融科技公司了解与金融机构合作安全运营的最低合规要求，从而促进金融科技公司与金融机构之间的可持续外包关系，增加金融机构与金融科技公司合作的信心。

4. 银行金融科技转型树立先行者模板

在新加坡政府的大力推动之下，新加坡的企业也很快意识到了金融科技的重要性。在金融业，新加坡的银行、证券、保险纷纷行动起来，使用科技手段服务自己的客户。

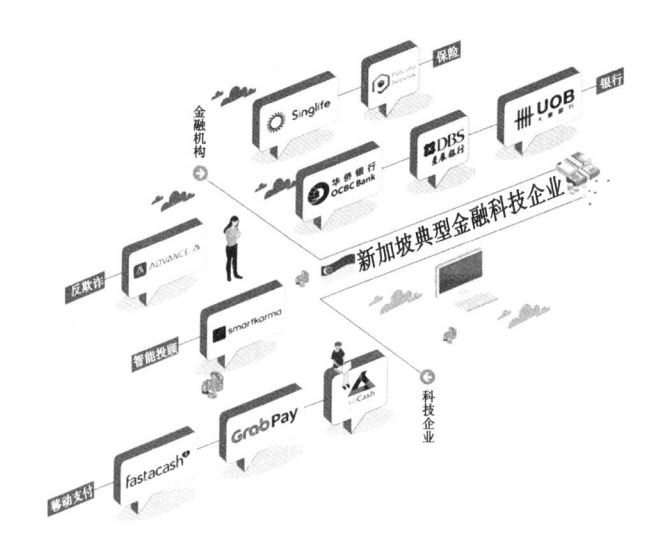

图6—4　新加坡典型金融科技企业

在传统银行如何应对来自金融科技的挑战方面，新加坡提供了一个先行者的模板，例如星展银行、大华银行很早就开始了金融科技的探索。星展银行从2014年开始向科技公司转型，计划成为"提供银行服务的科技公司"，准备开始建设数字银行；而大华银行正在从多方入手寻求改变，和新加坡资讯通信媒体发展局联手推出了"中小企业数字化"项目，旨在帮小型公司提升数字化能力。华侨银行和以色列科技金融公司ThetaRay合作，以提高其运营效率和可疑交易检测的准确度。

但银行业的转型不能光靠银行，其他领域也是银行业转型的重要支撑，如移动支付行业。新加坡的移动支付行业在整个国家金融科技中起到至关重要的作用，涌现出一大批例如GrabPay、Socash、Fastcash的优质移动支付企业。因此在传统银行如何应对来自金融科技的挑战方面，新加坡提供了一个较好的模板。

除了银行业外,新加坡的保险业在金融科技转型中也表现十分出色,若干保险公司也纷纷加入金融科技转型的进程。新加坡的 SingLife 和 Policypal 等保险公司纷纷推出了数字化保险平台,帮助客户更加方便快捷地购买保险。

(五)日本金融科技发展实践

——政府引导,奋起直追,瞄准区块链和数字货币

在全球范围内掀起的金融科技热潮中,作为世界第三大经济体的日本,并未抢占先机,反而滞后于发达国家阵营。在金融科技发展初期,日本资本市场并未重视这一领域,2014 年日本在金融领域共投资 120 亿美元,金融科技的投资额仅占 0.4%[①],2015 年增长虽至 6500 万美元,但同期在美国,这一数字为 120 亿美元,在英国为 9.74 亿美元,在新加坡为 6900 万美元。在市场采纳度方面,金融科技同样碰壁,据调查显示,日本的金融科技市场采纳率仅有 14%[②],在 20 个被调查市场中排名第 15 位。近年来,日本金融科技已基本走出前期的迷茫,并从参与相对较多的数字资产加密货币入手,寻找破局思路。

1. 在不断探索中前进的金融科技

政府的高强度监管限制了金融和科技的深度融合。日本政府严格

---

① 数据来源:埃森哲。
② 数据来源:安永,《安永 2017 年 FinTech 采纳率指数》。

限制金融机构对非金融企业的股权投资，三菱、瑞穗和三井住友三大金融集团都被限制只能持有5%～15%的初创公司控股权，日本国内金融领域与科技领域无法实现更为自由的深度结合，只能是按照政府的既定步伐进行发展。加之日本长期以来的低利率政策，使得人们更多地将信贷服务作为投资的第一选择，由此也就导致了日本金融科技资金匮乏情况的出现。

日本国民的"现金偏好"影响了金融业数字化进程。在日本这样一个科技、金融等各个产业大发展的先进国家，国民依然信奉现金主义，52%的国民采取现金的方式持有资产，虽然在低通货膨胀率政策下，这种方式会大大降低资金风险，但限制了资金在市场上的流通，难以实现金融科技的壮大化。同时，日本的信用环境和信用卡服务优势，使得第三方支付等互联网金融服务业务开展缓慢。

个人信息隐私保护牵制了网络化业务的开展。日本人向来对自身的隐私和安全有着极高的重视，对于网络银行、网络消费等需要透露其个人隐私的金融新事物而言，日本大多数消费者对其安全性、隐私性存在质疑，从而限制了民众的网络金融消费行为，影响了日本金融科技体系的构建。据日本银行家协会一项民意调查显示，在2015年仅有20%的用户会选择网上银行，大多数人出于自身隐私安全的考虑不会选择网上银行业务。

2. 后发期政府引导的"定向"追赶

追赶阶段政府加大宣传引导力度，推动金融科技发展。政府高公信力和高强度管控，对日本的金融科技企业是祸也是福。日本金融科技奋起直追的发展主要依靠的就是政府的支持。日本政府发挥媒体、刊物等社会宣传的作用，日经新闻、NHK 电视台对政府的金融科技政策和试点活动进行了大力宣传。同时，日本金融厅通过简化公司与金融科技领域合作流程，以刺激金融科技市场发展，支持金融科技创新企业。

重点发展虚拟货币与区块链技术。虽然 2014 年的 Mt. Gox 黑客事件给日本数字货币浇了一次冷水，但在哪儿跌倒就要在哪儿爬起来，2016 年 5 月日本内阁签署了《资金结算修正法案》，正式将虚拟货币纳入了法律规制的体系内，对交易所实行注册制度。据统计，截至 2018 年 3 月 31 日，全球虚拟货币种类约为 1596 种，时价总体估值 27 兆 4339 亿日元[①]，其中 50% 左右的交易发生在日本的 360 万虚拟货币交易者中。2018 年 3 月，由 16 家持牌交易所组成的"日本虚拟货币交易业协会"成立。截至 2018 年底，金融厅召开了 6 次"虚拟货币交易业者研讨会"和 9 次加密货币研究会议，对虚拟货币国际动向进行追踪，包括国际讨论动向、问题案例的发生状况、虚拟货币投机行为等现状，并积极研讨相应对策。

创造金融与科技融合的监管环境。首先通过对《银行法》的修订，允许非金融企业股权被银行收购，这极大地拉近了金融行业与科技企业之间的距离，使其可以自由地开展合作，实现包括区块链、机器人投顾等方面的技术服务创新。在非金融机构的监管方面，政府通过法律支持的方式，允许非银行机构获得金融服务牌照。如日本的电子巨头 Sony、Rakuten 均开展了此项业务。同时调整利率，积极发挥日本政府对市场经济的宏观调控作用，倡导社会投资，鼓励人们将手中所持有现金用于金融科技领域的投资。

---

① 数据来源：Ibinex——虚拟货币兑换软件提供商。

3. 金融科技政策总体仍保持谨慎

日本针对金融科技的监管政策颁布较晚，相比于英国和美国在 2014 年左右就开始的监管尝试，日本直到 2018 年才出台行之有效的监管政策。但日本的监管领域更加集中，密切关注加密资产的发展和监管，希望针对区块链、虚拟货币等前沿技术展开国际合作，以建立受监管的全球加密货币交易网络。

表 6—5　日本金融科技政策梳理

时间	政策
2020 年 3 月 10 日	日本"区块链管理倡议网络"正式成立
2020 年 2 月	日本政府计划放宽限制，允许银行在进行金融科技公司投资时无须进行审批，而只需上报投资行为
2020 年 1 月	日本央行副行长 Masayoshi Amamiya 表示暂不考虑发行央行数字货币
2020 年 1 月 14 日	日本金融厅提议削减加密保证金交易杠杆从 4 倍降至 2 倍以下
2019 年 9 月	日本金融厅与日本经济新闻社主办的 Fintech&Regtech 2019 金融科技峰会在日本东京举行
2018 年 11 月	日本金融厅公布对加密钱包服务监管计划
2018 年 9 月	日本金融厅发布《2018 年目标变革期金融服务提升》
2017 年 4 月 1 日	日本金融厅颁布《虚拟货币法》

监管侧逐渐开始为利用科技能力提升金融服务创造条件。2018 年 9 月，日本金融厅发布《2018 年目标变革期金融服务提升》报告，指出当前数字化普及加快、高龄少子化社会结构问题加重、长期低利率金融环境，需要通过科技手段寻求解题思路。同时，专门设立了金融科技创新中心，以把握金融科技行业发展前沿动态，优化金融服务管

理。截至 2019 年 6 月，FSA 通过这一机构先后开展了多项相关活动，包括与 100 多家金融科技创企、金融机构和 IT 供应商展开对话，举办"FIN/SUM"金融科技峰会，牵头进行区块链国际多边研究等。

对加密货币仍持较为审慎的态度。2018 年 11 月，日本金融厅公布对加密钱包服务监管计划，该计划基本参照现行的《基金结算法》，开展加密货币业务必须在日本金融厅注册申请所。同时强制服务供应商执行的措施包括内部控制系统的维护、对隶属于服务提供商或客户的加密货币进行独立管理、审计财务报表等。2020 年 1 月，日本央行副行长表示暂不发行法定数字货币，但他在同年 10 月的讲话中提出仍会加快对数字货币的研究。

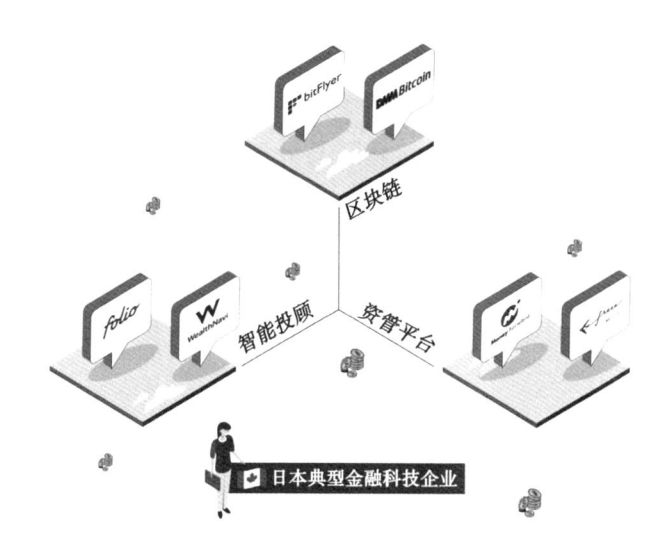

图6—5　日本典型金融科技企业

4. 数字货币已成为最典型的实践

日本已出现一批模式较为成熟的金融科技公司，如财务管理公司 Money Forward 以及智能投顾平台 Folio 等，但其中最亮眼的还是数字货币，日本在加密货币的发展规划上走在全球前列，2017年4月1日，日本金融厅颁布了《虚拟货币法》，对虚拟货币进行了定义和描述。较为完备的顶层规划最终孕育了一大批数字货币企业，其中就包括全球最大比特币交易所之一的 bitFlyer。

2017年9月，日本金融厅向11家公司发放了首批数字货币交易许可证。以此为开端，日本许多知名企业开始加入数字货币行业。2018年雅虎日本收购 bitARG 40%的股份，通过其业务加入数字货币的金融服务行业，同时旗下子公司 ZCorporation 于次年开启了加密货币交易服务。日本亚马逊——乐天集团于2019年获批乐天钱包，希望将比特币和其他加密货币整合到他们的电商支付资金流中。日本金融业巨头 SBI 集团也不甘落后，成立了专门负责应用区块链技术进行汇款等业务的子公司，为个人汇款应用"Money Tap"技术支撑，服务方包括住信 SBI 网络银行等机构。与此同时，日本加密业加速发展，技术服务商也相继推出基于区块链的金融业解决方案，如日本日立制作所（HITACHI）于2018年3月开始销售结合区块链技术的高稳定性交易支持服务。至2021年底，日本共有24家交易所获得了数字货币交易牌照。

（六）韩国金融科技发展实践

——突破财阀集团及传统金融行业限制，政府专项政策助力
　　金融科技腾飞

相比美国、中国等第一梯队国家，韩国金融科技整体发展起步较

晚。但是近两年来,在数字化转型背景下,韩国政府逐渐意识到金融科技的重要意义,开始密集出台一系列法律法规和政策措施推动金融科技的发展。特别是被韩国国内视为金融科技腾飞之年的2019年,韩国金融服务委员会(FSC)发布了《促进金融科技发展得分新举措》,其中包括8个不同政策领域的24项关键任务,进一步促进了韩国金融科技产业及其生态系统的发展。同时,韩国本土的金融科技企业凭借本身良好的IT基础以及国外资源的帮助也开始发展壮大,逐渐形成了一批比较突出的金融科技企业。

1. 并不平坦的"起步之路"

韩国科技水平实力雄厚,信息通信基础良好。早在20世纪80年代,韩国开始实施"科技立国"战略,并在2003年把半导体、新一代移动通信和新能源汽车等列为重点产业,给予大力支持。其中,三星电子、LG电子、SK海力士等韩国本土电子企业等均处于世界领先地位。由于发达的电子和半导体行业优势,韩国在移动互联网和智能手机的渗透率远超其他国家。数据显示,截至2010年,宽带已经进入韩国超过90%的家庭;2018年,韩国全民智能手机普及率达到94%,成为全球智能手机普及率最高的国家。除此之外,韩国在新一代信息技术方面也表现抢眼,于2019年4月在全球范围内最早商用5G。这些强大科技实力的支撑和通信基础设施的普及都为韩国发展金融科技奠定了良好的基础。

大型财阀一定程度上限制了金融科技初创企业发展。在韩国,财阀集团始终处于垄断地位,对韩国经济的掌控力和影响力巨大。其中,三星、现代、LG、SK、韩华及乐天六大财阀集团营收超过韩国GDP

总额的57%，其涉足产业除了传统的汽车、船舶、建筑、化工、石油、金融等产业外，还覆盖了电子、信息通信、半导体等新兴的科技产业。同时在互联网领域，Kakao、Naver等巨头背后也有几大财阀的身影。相较之下，众多金融科技领域的初创企业有的成为财阀的转包企业为其所用，余下的大部分则由于无力与财阀抗衡而陷入生存危机。这种局面不仅限制了初创企业和中小企业的发展，也在一定程度上限制了社会的创新活力。

传统金融势力强大，金融科技发展存在一定瓶颈。在韩国，金融自由化程度相对较低，金融监管环境较为严格且传统的金融机构较为强势。为保持既得利益不被瓜分，韩国传统金融机构存在动用资源游说政府出台对金融创新不利的法规的行为，限制了金融科技初创公司在韩国的发展。在这样的环境下，一些金融科技初创公司只能采用迂回方式服务客户，或者选择进军管制相对较松的海外市场，从而避免正面挑战银行等金融机构。由此可见，韩国金融科技企业面临的瓶颈一定程度上阻碍了韩国金融科技产业的创新和竞争力。

2. 奋起直追步入发展快车道

从整体来看，韩国金融科技起步较缓，产业发展水平及国内市场仍处于初级阶段。但凭借着近几年内政府对金融科技产业的大力支持与良好的ICT基础设施支撑，韩国的金融科技产业开始奋起直追，逐渐步入发展快车道。

韩国互联网振兴院（KISA）和科学技术信息通信部（MSIT）发布的《2018年韩国金融科技企业手册》数据显示，2019年，韩国302家金融科技公司中，资金在1亿～10亿韩元（50万～500万元人民币)之间的中小企业占比超过一半以上,达到65.3%。全球咨询公司毕马威(KPMG)发布的2019年金融科技Leading 50榜单中,仅有一家韩国企业(Toss)上榜。但同时,韩国金融科技发展较快。根据安永发布的全球金融科技采纳率指数,仅在两年的时间内,韩国金融科技采用率就从2017年远低于中国(69%)和全球平均水平(33%)的32%迅速发展到67%,超过全球同期平均水平(64%)。

3. 专项政策支撑产业腾飞

截至目前,韩国的金融科技政策可分为起步期(2013—2015年)、发展期(2015—2017年)及扩张期(2017—2020年)三个阶段。

表6—6 韩国金融科技政策梳理

阶段	颁布日期	政策名称及内容
起步期 (2013—2015年)	2015年1月	韩国政府出台《支持金融和科技融合的计划》
发展期 (2015—2017年)	2015年12月	韩国首家互联网银行——K Bank正式获得韩国政府批准筹建
	2015年7月	韩国金融服务委员会对《金融投资服务和资本市场法》进行修订,引入众筹
扩张期 (2017—2020年)	2020年12月	韩国釜山工商会通过"为集团、虚拟资产金融特区设立指导机构"的政策提案
	2020年3月	韩国国会全体会议通过《特定金融信息法》,该法案内容包含加密交易所牌照制度,以及银行支持加密交易所账号实名登记
	2019年12月	FSC发布了《促进金融科技发展的新举措》,其中包括8个不同政策领域的24项关键任务
	2019年12月	韩国正式启动开放银行系统,降低金融科技公司进入金融行业的壁垒,扩大开放银行服务的范围和功能

续 表

阶段	颁布日期	政策名称及内容
扩张期 （2017—2020 年）	2019 年 4 月	韩国政府依据《金融创新支援特别法》相关内容，正式启动金融监管沙盒机制
	2019 年 3 月	FSC 公布支持创新带动经济增长的财政计划，计划未来 5 年投资 15 万亿韩元用于支持金融科技、生物健康等领域建设
	2018 年 12 月	颁布《金融创新支援特别法》，成为韩国版金融科技"监管沙盒"法案
	2018 年 9 月	韩国国会通过《关于设立及运营专业互联网银行的特例法》，允许大型科技公司开设业务种类完备的网络银行

起步期（2013—2015 年）：政策以鼓励金融和科技加速融合为主。在全球金融与信息技术之间的加速融合中，韩国政府于 2015 年 1 月推出了金融科技政策路线图，以鼓励金融和科技加速融合为主，促进金融科技行业的发展。

发展期（2015—2017 年）：政府逐步降低金融科技业务准入门槛。韩国政府于 2015 年降低了电子金融业务的准入门槛，并于 2016 年推出了众筹计划。两家互联网银行于 2017 年开始运营。金融科技初创企业开始出现在各个领域，例如众筹、网络贷款和智能投顾等服务。

扩张期（2017—2020 年）：韩国金融科技立法方面取得重大突破。这一阶段完成的立法主要包括《互联网银行特别法案》(2018)、《金融科技创新支援特别法案》(2018) 和《P2P 借贷法案》(2019)，金融科技行业进一步拓展到开放银行等新领域。同时，韩国金融服务委员会于 2019 年 12 月宣布的促进金融科技发展的战略，为韩国未来金融科技产业的发展指明了方向。

4. To B 金融科技应用表现亮眼

目前,韩国在移动支付、互联网银行、数字货币及智能投顾等面向个人用户的金融科技产品方面发展较好,形成了一批较为典型的企业。

图6—6 韩国代表性金融科技企业

在移动支付领域,以 Kakao Pay 最为典型。该公司于2017年与中国的蚂蚁金服达成战略合作协议,在获得2亿美元战略投资外,也获得了蚂蚁金服在移动支付领域的经验和技术支持,而 Kakao Pay 也被称为韩国版的"支付宝"。2020年1月,Kakao Pay 又参考中国支付宝中的余额宝推出了手机端内的货币基金产品,广受关注。在互联网银行领域,韩国于2015年将第一张专业互联网银行牌照颁发给了K—Bank,这也是韩国政府时隔23年后第一次颁发新的银行牌照。K—Bank 以中小企业与普通民众为主要服务对象,推出手机银行及电脑网银两项金融交易平台,并运用到韩国全国 3000 余家 KT 代理点及 10000 余家便利店为用户提供小额贷款、快捷支付、快速汇款等服务。数字货币领域,表现亮眼的是韩国 Dunamu 公司与美国另类加密货币交易所 Bittrex 共同推出的数字货币交易所 Upbit。Upbit 支持 158 种代币和 287 种交易对的交易,同时,也为用户提供实时通信应用和支付 App 直接下单功能。智能投顾方面,韩国金融科技初创公司 QARA 推出的 KOSHO 是一个分析和预测金融市场的智能投顾产品。该产品基于过去 30 年超过 4 亿的金融市场指标,利用人工智能和深度学习技术,为即将到来的一周提供市场预测通过 KOSHO,用户可查看韩国综合股价指数、纽约证券交易所、纳斯达克证券交易所以及新加坡、日本、中国台湾、中国香港超过 17000 只股票,以及 22 个主要加密货币的详情与预测。

七

金融科技的"未来已来"

（一）政策监管方面

1. 风险防范和反垄断正成为监管重点

金融科技外溢风险将受到重点监管。2020年是我国金融科技的监管元年，我国金融监管部门领导公开提出，"强调金融科技的金融属性，把所有的金融活动纳入到统一的监管范围中。"刘鹤副总理也明确表态："当前金融科技与金融创新快速发展，必须处理好金融发展、金融稳定和金融安全的关系"。随着《商业银行互联网贷款管理暂行办法》《网络小额贷款业务管理暂行办法（征求意见稿）》《互联网保险业务监管办法》《金融控股公司监督管理试行办法》《商业银行理财子公司理财产品销售管理暂行办法（征求意见稿）》《消费金融公司监管评级办法（试行）》《非银行支付机构条例（征求意见稿）》等的出台，未来"持牌经营"，"对同类业务、同类主体一视同仁"将成为我国监管层的普遍共识，金融科技不会成为金融监管的法外之地。

金融科技反垄断将成为未来监管方向。过去 5 年，随着金融科技的迅速发展，我国也涌现出一批用户规模大、影响广泛的金融科技平台公司，基于海量用户数据，也产生了可观的收入和利润。"十四五"规划中，提出了"扎实推动共同富裕"，明确提出"完善再分配机制，加大税收、社保、转移支付等调节力度和精准性"；2020 年 11 月，市场监管总局发布《关于平台经济领域的反垄断指南（征求意见稿）》；2020 年 12 月，中共中央政治局会议提出"强化反垄断和防止资本无序扩张"，这是官方的首次明确表态。未来 5 年，针对巨型平台公司的反垄断将会成为监管重点，可能会通过数字税、加强对平台公司数据的管控、共享等方式，实现更加公平的市场发展环境。

2. 金融科技试点将持续深化

我国在加强金融科技监管的同时，也在开展创新与规范发展的探索。2020 年，在央行的指导下，北京、上海、重庆、深圳等 9 个试点地区共推出 70 个创新项目试点。当前金融科技已经明显进入更加注重落地实践的阶段，而且由于落地实施过程中，要受监管政策、业务机制和技术实现等多重因素的影响，预计这一探索发展阶段将持续 3—5 年，甚至更长时期。

预计未来几年，我国金融科技试点的范围和内容将持续深化。一是试点地区将进一步扩大和下沉。2020 年参与的试点机构基本上是一线及新一线城市，预计未来具备较好产业基础、金融资源的二线三线城市将广泛参与试点。二是试点的机构参与主体更加多样化。目前，主流持牌金融机构和大型科技公司为参与主体，未来，可能会有更多的中小型金融机构、新兴科技公司、物流/制造/零售/环保等垂直行业，以及部分外资机构参与其中。三是试点的内容将更多结合社会经济发展热点。未来，在数字货币、供应链金融、小微金融、农村金融、绿色金融等方面或将涌现出更多优秀案例。四是试点将促进更多新技术的落地应用，例如分布式转型、RPA、区块链、5G、支付科技、数据要素流通等。

3. 金融开放将积极稳妥推进

我国积极稳妥推进金融业自主开放。2020年4月，我国彻底取消了银行、证券、基金、期货、人身险领域外资股比限制，外资金融机构积极扩大在华布局。2020年7月，外国银行在华分行申请基金托管业务资格落地；2020年9月，央行、证监会、外汇局明确中国债券市场对外开放的整体性制度安排，同时取消了QFII/RQFII投资额度限制；2020年前9个月，外资累计增持中国银行间债券市场债券7000多亿元；2020年9月，富时罗素宣布拟将中国国债纳入其世界国债指数；金融开放让中国金融市场进一步融入全球金融系统，全球投资者对中国金融市场的关注度越来越高。

国际金融机构的竞争将倒逼我国金融科技升级。金融开放会带来大量外资金融机构的进驻，形成与本土金融机构竞争的"鲇鱼效应"。根据对摩根大通、高盛、瑞银等8家全球顶级金融机构IT投入的跟踪，大部分国际金融机构的IT投入占利润比均超25%，这一比例远高于我国水平。以证券行业为例，我国券商平均证券经纪业务收入占比仍达25%，而美国部分券商已率先实现零佣金，不再单纯依靠通道中介服务获取收益，而是在高附加值服务，尤其是财富管理和其延伸的上下游业务中竞争优势明显。未来在国际金融机构的竞争压力之下，我国金融机构将会加大金融科技的投入，由技术升级带来的数字化转型进程将会进一步加速。

（二）产业发展方面

1. 金融科技市场主体多元化趋势明显

未来金融科技市场主体的来源和类型将更加多元化。目前，央行体系成立了多家金融科技公司，涉及数字货币、区块链等方向；12家大中型银行纷纷成立金融科技子公司；大型央企或行业龙头，也基于自身行业优势，布局金融科技，如国家电网成立了金融科技集团，中国移动成立中移金科，顺丰旗下成立了专注于供应链金融科技平台建设的子公司融易链等。同时，跨领域的金融科技市场主体合作正在成为重要趋势，既有互联网金融科技公司与传统金融机构的合作，比如腾讯与中金公司合作，成立金融科技合资公司；也有传统行业巨头与金融机构的深度合作，比如国网金融科技集团与中国邮储银行合作打造"国网智能图谱风控产品"，且成功入选央行金融科技创新监管试点。

持牌金融机构的牌照优势将更加凸显。未来3—5年，我国对互联网平台公司的监管将趋紧，包括反垄断，以及2020年年底出台的一系列政策均加强了对保险、理财、贷款方面的持牌要求。目前，业界对于大型平台公司的"数字税"，以及"数据打破垄断"的呼声颇高，因此，对于互联网平台公司，未来的发展环境将不尽宽松。与之对应，持牌机构可能会迎来发展红利期。在2020年尾声之际，有两家独立法人直销银行收获牌照。未来，法人直销银行以开展零售业务为主，可积极介入场景金融和线上流量经营，吸收互联网公司的成功经验，发挥牌照优势，拉近与互联网公司的差距。

2. 场景金融快速发展与风险管控统筹兼顾

场景金融是产业数字化时代的必然产物。早在数年前移动互联网快速发展时期，场景金融就被提上议事日程，将金融服务嵌入消费场景中，促进消费交易行为、助力商品跨期交易，是各类移动互联网商家的常用手段。随着数字经济快速发展，各类最新技术正在打破物理渠道的局限，客户对网络渠道的接受程度越来越高，在此基础上各类金融创新层出不穷，客户的偏好也在发生改变，传统金融产品无法满足客户个性化、定制化的金融需求。而各种生产和消费场景数字化发展，正是金融机构捕捉客户行为和了解客户痛点的一个很好切入点，嵌入式的场景金融给金融机构带来了新的巨大红利。在此背景下，可以说场景金融是产业数字化时代的必然产物。

合规有序推进场景金融的要求越来越明显。虽然场景金融是数字化时代的必然产物，但必须清晰地看到，场景金融相对传统金融产品有一定的复杂度，还存在着诸多风险，近年来诸如长租公寓场景、医美分期场景、教育分期场景等出现的情况，凸显了场景风险控制的重要性，业界对于建立合规有序的场景金融秩序的需求越来越明显。在金融科技加持下，未来金融机构除了不断拓展更多的生产和消费场景、提供场景金融服务外，还需要在场景金融的风险识别和管控方面加强技术投入和应用，通过技术手段的赋能来看透场景风险，并通过技术手段助力场景风险管控。

3. 无感金融正在深度融入金融供给和需求中

无感化服务显著提升用户体验，成为很多场景中的标配。当客户身处某一金融需求场景之中，一套完善、合理、定制化的金融服务方案便能够自动生成，客户只需简单的操作，就能轻松获得最佳的服务方案，真正实现"当你需要时，它就在那里"的无感体验。这种无感体验的背后是大数据分析、机器学习等技术引入金融产品设计中，让金融产品可得性大大提升。以移动支付为例，随着生物识别、移动通信、加密技术、极速交易等技术渐趋成熟，无感支付已开始在交通出行、智慧零售、文化旅游等场景中规模化应用。未来，无感化服务也将进一步扩展到其他金融产品中，成为很多场景的标配。

金融科技已成为金融服务无感化的核心支撑手段。没有科技水平的提升，无感化服务无从谈起，作为供给方，各金融机构需要持续升级科技水平。民生银行早在 2018 年就提出要将民生直销银行建设成为一家数字化、普惠化、云化的同业标杆，推出"集团钱包生态系统"，为全行业的集团客户、核心企业、独角兽公司提供稳定敏捷的生态金融线上开发功能，使科技金融服务向实、准、稳推进；浦发银行通过 API Bank 全面开放银行产品和服务，无缝融入社会生活、生产、管理的各个环节，向企业输出自己的金融能力。此外，大量金融科技公司向金融机构输出的科技能力中，便捷、无感获取的技术能力也是其中一个重点，成为金融业供给侧改革的技术支撑手段。

4. 金融科技国际化布局将加速推进

疫情及后疫情时代，我国全球产业链优势凸显。截至 2020 年 11

月，我国外贸进出口总值达 3.09 万亿元，增长 7.8%，月度增速连续 6 个月保持正增长。目前，我国已成为世界 120 多个国家和地区的第一大贸易伙伴，拥有 41 个工业大类、207 个工业中类、666 个工业小类，是全世界唯一拥有联合国产业分类中所列全部工业门类的国家。随着 RCEP 和中欧投资协定的签订，我国将不断扩大开放的步伐，进一步补缺供应链短板，提升产业链供应链现代化水平。

金融科技将加快国际化步伐。全球跨境电商平台的兴起将成为不可逆的趋势，当前全球疫情尚未达到拐点，非接触生活与非接触金融服务业态将在全球广泛应用，跨境电商、跨境高效资金结算、进出口企业配套的金融科技服务等，也为我国金融科技企业提供了广泛的国际市场空间。在 2020 年全球金融科技十大融资案例中，与购物、支付、跨境结算、汇款、消费贷款相关的有 6 家，其中美国的 Stripe 以高达 1000 亿美元的估值排名榜首。在全球金融科技快速发展背景下，未来 3—5 年，我国金融科技的国际化步伐必将加速推进。

（三）技术演进方面

1. 金融新基建将成为全球竞争战略高地

金融新基建已成为监管部门工作重要抓手。2020 年 3 月，中国人民银行、国家发展改革委等六部门联合印发了《统筹监管金融基础设施工作方案》（以下简称《方案》），按照《方案》的定义，金融基础设施是指为各类金融活动提供基础性公共服务的系统及制度安排，在金融市场运行中居于枢纽地位，是金融市场稳健高效运行的基础性保障，是实施宏观审慎管理和强化风险防控的重要抓手。纵览全球，伴随着数字经济的发展，当前已有不少国家或地区的政府和商业组织纷纷加入了金融新基建的逐力，在金融资产登记托管系统、清算结算系统、交易设施、交易报告库、重要支付系统、基础征信系统等基础设施方面持续推动新技术的应用。金融业新型基础设施必将对各国金融市场和金融业务创新带来深远影响，成为各国金融业竞争力提升的重要基础。

金融业竞争优势建立需要夯实金融新基建底座。金融业面对的市场环境日趋复杂，产品创新难度增加，客户需求多样化，在这一背景下，金融业传统基础设施面临着新的挑战，在基础设施信息化方面表现为系统性风险监管、大规模交易支撑等多重压力。在疫情的特殊影响下，随着"零接触式"金融服务方式的全面推进，金融业务线上化迁移规模不断提升，全国支付清算、国库收支、货币发行、征信系统等重要金融业基础设施都承受着越来越大的运行压力。面对这些挑战，亟须通过各类科技手段提升系统能力，深入推进金融业基础设施数字化转型，形成金融业的新基建。

2. 底层技术和自主创新将得到更多重视

科技能力已成为长远战略实现的重点要素。银监会原主席尚福林曾指出，当前我国金融产品同质化问题仍然明显，难以有效满足创新创业企业、绿色经济转型发展等多元化的融资需求，也还不能很好满足居民财富积累的多层次资产配置需要。在新型科技手段的加持下，不少金融机构在破解产品同质化问题方面已取得了初步成效，在促进金融机构创新转型的同时也逐渐建立自身竞争壁垒。目前，将强化科技能力提升到战略高度，以战略性的资源投入面对金融科技领域的竞争成为各大金融机构的共识。以五大银行为例，它们早在前两年就已完成了战略层面的金融科技规划和布局。从发展趋势看，当前正处于金融机构金融科技战略走向落地实施的关键性起步阶段，未来5—10年的行业竞争将取决于近2—3年各机构的金融科技战略落实情况。

底层技术和自主创新助力经济安全。金融业的安全是国家经济安全的核心之一，而金融安全对金融科技领域提出的要求中，底层技术实力和自主创新能力尤为突出，对这些方面的重视成为业界共识。具体来看，一方面自主创新能力正在成为金融科技主体的"生命线"，把核心技术掌握在自己手里，确保对于自身金融科技应用能力的自主把控，既是强化自身关键竞争能力的保证，也是应对市场和用户灵活需求的需要。另一方面，金融科技的应用需求更加向底层穿透，需要在适应金融业独特需求的条件下突破创新，比如在IT基础设施转型、大数据＋人工智能应用、区块链技术应用、多方隐私安全计算以及5G金融应用等多个方面，金融业都对技术应用有更高性能、更强稳定性的要求，而这些要求都必须通过底层技术创新突破来实现。

3. 金融科技技术标准将呈现国际国内双循环

我国金融科技技术标准体系不断完善。一方面，我国央行已发布了《金融科技发展指标》的金融行业标准，分为机构指标、行业指标和区域指标三大部分。基于此，可以评估金融机构的金融科技发展水平、某个行业应用金融科技的水平以及各地区的金融科技发展情况。另一方面，央行还发布了一系列测试规范，包括《金融科技创新应用测试规范》《金融科技创新安全通用规范》和《金融科技创新风险监控规范》三项行业标准，适用于持牌金融机构、科技公司、安全评估机构、风险监测机构、自律组织等，可从不同角度对金融科技创新进行规范管控。

我国金融科技技术标准将呈现双循环发展格局。一方面，国内金融科技标准将持续深化、完善。国内金融科技标准将继续坚持"为民利企"总体原则，在金融安全、消费者保护等方面将会把法律法规、部门规章落地为标准；在金融数据资源开放方面将不断深化，例如源产权、交易流通、跨境传输和安全保护等；在区块链、人工智能等技术方面，将会围绕着金融数字基础设施建设不断升级；在普惠金融、乡村振兴方面也会出台公益性标准。另一方面，我国也会积极参与国际标准治理，扩大"一带一路"金融科技标准交流"朋友圈"，加强金融科技标准的双向交流，更大力度提升在移动支付、数字货币、绿色金融等国际标准制定中的影响力，促进中外标准体系融合发展。

4. 前沿科技将在金融业细分领域形成重大创新

展望未来，一些前沿科技解决了金融业发展的部分痛点，将形成细分领域颠覆创新。金融业整体变革是在政治、经济、技术、社会等各重因素共同作用下的渐进式过程，不过，一些前沿技术的突破会在小范围形成颠覆创新，加速金融业螺旋式演进的过程。当前，企业正在以多种方式采用数字孪生技术，模拟物理对象和流程，金融行业也可以借助数字孪生建立起可视化的平台，应用于多个场景，从长期来看，可借助数字孪生从数字化"仿真"向数字化"全真"升级的机遇，在智能风控、企业管理等方面实现革命性创新。量子科技未来在金融业应用前景也非常广阔，随着大数据近年来呈现爆炸式增长，经典计算的能力瓶颈会随着数据体量的急剧增长而暴露,未来将可能对金融科技发展产生阻碍,而量子计算具有远超经典计算资源的算力优势,例如量子计算机的搜索空间可能比当前计算机的搜索空间大数千倍,可以协助分析大量异构数据,进而进行金融预测。目前全球主要经济体已将6G的研发提上议事日程,6G作为打通虚实空间泛在智联的统一网络,可使用更广阔的频率资源,形成空天地一体化通信,网络软件与开源更为明显,在这些技术驱动下,移动通信技术会更进一步大范围提升金融的感知能力,扩大无感金融应用范围。

(四)赋能社会经济方面

1. 各行业数字化转型,为产业金融带来新机遇

金融业协助垂直行业数字化加速形成闭环。产业数字化规模快速发展成为数字经济的一大特征,国民经济各垂直行业都在纷纷采用最新的数字化技术推动产业转型,带来的是生产数字化、用户数字化、研发数字化、物流数字化等一系列数字化形态。然而,产业数字化也需要持续投资,各行业企业部署的不仅是软件,更需要硬件的支撑,对于价格敏感度较高的企业来说会是一笔不小投资;同时,对于很多企业来说,数字化所带来的收益暂时无法精准评估等问题,也会导致其投资不足。此时,金融工具的介入为产业数字化提供必须资金,企业可以进行长远布局,形成产业数字化闭环应用。

产业数字化拓展产业金融服务空间。产业金融在探索最新技术,业界也通过多种手段来提升金融业对各行业服务的能力。产业数字化

过程中,在保证各行业和企业生产经营安全基础上,这些数据使金融机构智能算法和风控模型形成巨大价值,大大降低了金融机构和实体经济企业信息不对称程度,为金融机构设计新的金融产品打下基础,促进金融业服务实体经济的创新。当前,很多金融机构借助各行业采用5G、物联网、工业互联网、区块链等手段,实现万物互联和各类资产线上可视化的契机,推出对应的产品,扩大了其业务范畴并开拓了新的收入空间。以工业互联网为例,工业互联网强调人、机、料、法、环全面互联,形成以数据驱动企业运营制造的新模式,而数据作为核心资产,成为企业的储备价值和生产资料。通过相关价值再造和评估,应用工业互联网的中小企业可以衍生数据挖掘价值或抵押数据换取价值,扩大中小微企业融资范围。

2. 金融科技强化金融服务实体经济

金融科技已成为提升金融服务实体经济的重要支撑。2020年以来,在工信部、财政部、央行、银保监会、证监会等多项涉及普惠金融和金融业服务实体经济的政策文件中,已多次出现要求"充分利用金融科技能力"的政策细则。2020年7月,我国产融合作平台正式上线,国家产融合作试点城市正式公布,第二批产融试点也迅速推进。可以预见,随着我国加快促进金融回归服务实体经济的本源,金融科技将助力我国金融更多地服务小微企业、重点产业和科技创新。

未来,金融科技将助力搭建产业与金融融合互通的桥梁。一是借助金融科技建立信息交互平台,消除金融机构与实体经济的信息鸿沟;二是金融科技推动智能风控,降低中小企业融资风险;三是金融科技纳入产业链全要素,通过区块链加持供应链金融,为产业链的企业增信；四是在当前资本市场注册制转型的背景下，通过金融科技赋能多层次资本市场建设，例如利用人工智能系统识别、提取和分析海量金融信息，通过信息化为上市审核流程"加速"，畅通审核通道，从而更好地帮助企业融资。

3. 金融科技助力我国乡村振兴

目前我国决战脱贫攻坚已取得决定性胜利。2020年12月，习近平总书记在中央农村工作会议上强调，脱贫攻坚取得胜利后，要全面推进乡村振兴，这是"三农"工作重心的历史性转移。要坚决守住脱贫攻坚成果，做好巩固拓展脱贫攻坚成果同乡村振兴有效衔接，工作不留空档，政策不留空白。[①] 农业农村现代化是国家现代化的重要组成部分，目前滞后于工业化和城镇化，必须以乡村振兴为总抓手加快建设步伐。

未来，金融科技将为我国乡村振兴提供重要支撑。一方面，通过金融科技手段，构建农村电商基础设施，鼓励企业建立产销衔接的农业服务平台，建立"从田间到餐桌"的一站式服务。另一方面，构建农村信用数据体系，为农村消费者、生产者提供更精准的资金支持，包括涉农账户管理、资金管理、资金结算等多项金融服务。搭建涉农资金监管平台，保证涉农资金的统一调控与精准到位。同时，挖掘农林牧副渔等农村场景，构建连接上下游企业的公共服务平台，形成基于核心企业的农村供应链金融模式，助力农村新兴产业以及新兴经济

---

① 《习近平在中央农村工作会议上强调 坚持把解决好"三农"问题作为全党工作重中之重 促进农业高质高效乡村宜居宜业农民富裕富足》，人民网2020年12月29日。

业态的健康发展。

4. 金融科技将促进绿色金融发展

落实碳达峰、碳中和决策部署将成为重要任务。根据央行 2021 年工作会精神，央行 2021 年重点任务之一是做好碳达峰、碳中和工作。实现碳达峰、碳中和目标，意味着中国在产业结构、能源结构、投资结构、生活方式等方方面面都将发生深刻转变。服务好碳达峰、碳中和的战略部署，是 2021 年和未来一段时期金融工作的重点之一。因此，预计未来我国金融监管部门将完善绿色金融政策框架和激励机制，引导金融资源向绿色发展领域倾斜，推动建设碳排放交易市场，为排碳合理定价，明确金融机构监管和信息披露要求，建立政策激励约束体系，完善绿色金融产品和市场体系，持续推进绿色金融国际合作。

金融科技将加速赋能绿色金融。当前，我国绿色金融发展的痛点包括标准不统一、信息不对称、绿色识别成本高、监管成本高、绿色金融难以向小微企业和消费领域延伸等。而金融科技为解决上述问题提供了新的工具和手段。例如，一些机构利用卫星数据、机器学习绘制自然资源碳汇地图，基于地图数据形成绿色信用信息体系。再例如，可建立绿色金融信息统计平台，打通环保部门和金融机构的信息沟通渠道，帮助金融监管部门提升监管效率。通过绿色金融业务信息的实时采集、统计分析和管理应用，为绿色金融政策制定和衍生交易等提供充分的信息和数据基础。还可利用金融科技提升碳足迹计量与核算水平，约束企业碳排放行为，建立银行个人的"碳账户"，鼓励全民开展低碳生活。

附录 1

国内金融科技企业案例

我国企业的金融科技"赛道"分为三条：第一条赛道的选手是金融系科技子公司，主要是一些大型银行、证券、保险公司为了服务自身金融业务或对外输出技术服务，成立了各自的金融科技子公司；第二条赛道是科技企业，包括互联网巨头、基础软硬件公司以及新兴的金融科技企业；第三条赛道是一些传统企业，这些企业为了顺应技术发展，也开始探索应用新兴技术开展与自身业务相关的金融科技实践。

1. 传统金融机构背景

建信金科——赋能传统金融的实践者

2018年4月，建设银行公布建立全资子公司——建信金科，打响了国内大行成立金融科技子公司的"第一枪"。建设银行赋予建信金科的定位是"赋能传统金融的实践者，整合集团资源的链接者及推动银行转型的变革者"。建信金科作为国内首家由国有大行成立的金融科技公司，是银行业内第一家真正以金融科技命名的新型公司，也是国内商业银行内部科研力量整体市场化运作的第一家。

战略定位：建设银行发布以"TOP＋"即科技驱动、能力开放、平台和包容创新、鼓励创新的机制和文化为主导的金融科技战略规划。明确了未来5年金融科技的发展方向，并将任务分解逐年实施；同时，进行配套体制改革，形成金融科技创新委员会管总，金融科技部主建，运营数据中心、建信金科主战的格局，打造支持快速创新的科技管理体制。建信金科的战略定位有三点：一是用金融科技赋能传统金融；二是以金融科技整合整个建设银行集团的资源；三是用金融科技来引领整个银行业转型。

应用服务：建信金融科技经营范围包括软件科技、平台运营及金融信息服务等，以服务建行集团及所属子公司为主，并开展科技创新能力输出。凭借长期的技术沉淀和"新一代"核心系统带来的技术信心，建行整合各类人才、技术资源，组建建信金融科技，在服务集团的同时开启了技术输出。目前，建信金融科技的产品包括一些标准单一产品的输出，例如风险计量、人脸识别等；同时，通过搭建大型综合平台，解决客户在报价、资金交易、客户管理方面的问题；此外，建信金融科技依托"新一代"核心系统为客户输出整体系统解决方案和专项咨询等服务。

建信金科采取公司化运作模式，一方面继承与母行一体化运作模式，锻造建设银行金融科技的主力军；另一方面充分利用市场化机制，主动探索自我发展道路。建信金科引入"兵工厂"概念，提供可定制化的产品仓库，以流水线进行产品生产和装配，从客户与产品、渠道与运营、风险与支持、社会化平台四个维度，构筑不同层次客户的金融科技服务模式。同时，建信金科成立了创新实验室，配备专门力量，跟踪前沿技术发展，挖掘业务应用场景，面向特定区域、特定人群先行实验。通过开启内部竞争，建立市场化的职业发展机制和薪酬激励体制，激发研发人员活力等手段，增强自身市场竞争力和服务水平。

工银科技——推动智慧银行战略实施

随着工银科技的落地，工行总行金融科技构建了"一部、三中心、一公司"的新格局，进一步提升了金融科技的战略规划、技术研究、资源统筹、人才聚集能力。工商银行于2019年11月正式成立金融科技研究院，将积极利用金融科技新成果，促进银行业务经营转型，推动智慧银行战略实施。

战略定位：在战略定位上，工银科技对内赋能集团智慧银行战略，成为金融科技创新领跑的孵化器与助推器，对外赋能集团客户业务创新，成为"金融＋行业"生态建设的新动能与新范式。将发挥公司市场化运作的优势，为工行智慧银行建设提供服务与支持，推动业务模式变革和服务升级，打造服务支持型公司。通过人才引进、技术控股、联合共建等方式，深耕金融科技领域，为工行IT架构转型发展提供核心技术和核心人才，整体提升集团科技创新能力，打造创新领跑型公司。利用云计算、大数据、区块链等创新成果以及业界新技术，借助API开放平台和金融生态云，构建工行金融生态建设新模式，打造生态建设型公司。

应用服务：工行充分借助区块链、云计算、人工智能、物联网、5G等技术全面推动金融科技规模化应用。在区块链方面，打造了行业领先、金融级安全的企业级区块链技术平台，陆续上线了贵州精准扶贫资金、雄安数字城市建设等80多个场景。在人工智能方面，人工智能机器学习平台已在智能投顾、智能客服、电子银行交易反欺诈、支付清算报文自动查询查复等千余个应用场景落地。在云计算方面，在同业中率先建成了具有开放性、高容量、易扩展、智能运维等特点的云计算平台，处于同业领先地位。在 5G 技术方面，率先在国内银行业实现 5G 网络联通，并首家推出了 5G 未来银行智慧网点。

光大科技——推动集团科技创新新模式

2016 年 12 月，为推动光大集团科技创新发展模式，光大科技应运而生。光大科技是光大集团新科技板块的重要成员企业，光大科技要紧紧围绕为集团搭建科技发展平台、推动"金融互联网"、探索"互联网金融"的科技创新发展模式三大任务，全力推进与互联网科技公司的合作，在引流、获客、创新、增效上实现新突破。

战略定位：光大科技以建设"具有全球竞争力的世界一流金融控股集团"战略目标为动力，助力集团实施"敏捷＋科技＋生态"战略转型。光大科技聚焦数字化、平台化、智能化的"三化"IT 战略愿景，实现健全 IT 组织、支撑管理运营、深挖数据价值、推进开放互联、引领科技创新的"五推进"IT 战略目标。

应用服务：光大科技将紧密围绕"集团＋互联网"战略发展规划，研制和搭建数据互联平台、生态互联平台，促进综合金融服务、业务协同、产业生态圈发展。其主要产品包括计算、网络、存储、数据库、平台应用、安全和通用服务。向客户提供大数据和人工智能、区块链、物联网、安全、运维、电商平台等解决方案。光大科技既服务于集团整体战略需要，又对证券等成员企业提供技术支持，面向广阔市场开展创新合作和技术输出，充分利用市场化和公司化运营机制，创新机制、创新产品、创新服务。

光大科技是集团科技创新发展的基础平台，将通过创新机制、创新产品、创新服务，致力于实现集团信息化，提升集团整体信息科技水平。光大科技作为光大集团成员企业，依托综合金控集团优势，集聚金融＋科技复合型人才，已与多家一线互联网企业、科研院所密切合作，设立科技创新实验室，加速新技术应用，形成了敏捷的金融产品设计、开发和运营能力。同时，公司设立科技创新基金，进行多元化投资和前瞻性布局，通过科技赋能，驱动集团业务发展。

招银云创——输出招银系金融服务能力

招银云创于 2016 年 2 月正式成立，承担服务招商集团并且探索前沿技术的角色。旨在以科技赋能金融，将金融 IT 系统稳定运行的成功经验和完整解决方案提供给金融同行，支持金融同业，推动普惠金融的发展。招银云创以云服务作为主要服务，其发展定位为"一个符合监管的金融云"。

战略定位：招银云创的战略定位是作为招商集团的科技输出平台，依托于云计算业务，将集团公司积累的销售实力、核心交易、消费金融及 IT 解决方案分享给同业。招银云创协助招商证券客户实现数字化转型，用云计算、大数据、人工智能、区块链等最新科技助力客户降本增效，提升核心业务竞争力。招银云创从创立开始，一直把金融创新作为核心竞争力的同时强调服务质量，以"科技＋服务"形成了独特的竞争力。

应用服务：招银云创目前的产品研发仍旧以对招商系的金融服务能力进行整合为主，其服务线条主要包括零售、交易银行、消费金融和银行投融资。作为金融科技公司，招银云创积极与其他互联网公司达成合作意向，共同参与高端技术产品的研究与开发。并与 IBM 达成合作，希望借助 IBM Power Systems 实现金融业核心系统的云端迁移并创造更多的客户资源。招银云创提供的产品和服务以金融基础云、金融业务云和专项咨询这三类为主。公司主要业务客户多集中在商业银行、证券公司、租赁公司、信用评级机构和第三方支付机构等。招银云创通过整合自身的金融背景和技术资源，构建了金融公有云为同行业提供技术支持服务，获取黏性较强的服务，从而实现其商业价值。

平安金融壹账通——打造金融科技服务生态圈

金融壹账通成立于2015年12月，为中国平安联营企业，旨在打造全球领先的面向金融机构的商业科技云服务（TaaS）平台，于2019年在美国纽交所上市，为国家高新技术企业。金融壹账通依托人工智能、大数据、区块链、云平台等核心技术，为各大金融机构提供金融科技类服务支持，致力于成为世界领先的金融科技公司。截至2019年12月31日，金融壹账通服务客户已涵盖中国全部的国有银行和股份制银行、99%的城商行和52%的保险公司。

战略定位：金融壹账通融合丰富的金融服务经验与领先科技，打造全球领先的面向金融机构的商业科技云服务（TaaS）平台，精准把握金融机构需求，为银行、保险、投资等金融行业多个垂直领域提供"科技＋业务"的、端到端的解决方案，帮助客户实现"三升两降"，即提升收入，提升效率，提升服务质量，降低风险，降低成本，实现数字化转型。

金融壹账通整体金融科技战略为保持高额研发投入，带来产品结构优化，进而带动优质客户增长，大幅提升"赚钱能力"，同时以用户"规模效应"进一步推动费用下降，从而吸引更多的第三方客户加入。2017年以来，金融壹账通累计研发投入25亿元，约占总收入的50%。截至2019年12月31日，全球专利申请累计3710项，其中境外专利申请765项,金融科技专利排名全球第三。在业务方面,金融壹账通给自己的定位是"最懂金融的科技企业",最主要的任务是用数字化技术帮助金融机构解决业务发展难题。

应用服务:目前金融壹账通共有16大解决方案,覆盖从营销获客、风险管理和客户服务的全流程服务,以及从数据管理、智慧经营到云平台的底层技术服务。一方面赋能各类政府和大型企业融资平台,降低中小企业融资门槛,帮助政府政策更精准地落地。另一方面为金融机构提供各项云产品服务,打造销售、风控和运营等解决方案,帮助金融机构提升获客、风控、运营能力。在参与新基建方面,金融壹账通与多个地方政府和大型央企集团开展合作,全面赋能其融资平台,助其盘活产业链,搞活地方经济,助力数字中国建设。目前已落地的案例有天津区块链跨境贸易网络平台、广东省中小企业融资平台、粤港澳大湾区港口物流及贸易便利化区块链平台项目等,并有与数字广西集团共同组建的金融开放门户(广西)跨境金融数字有限公司,联合福田汽车创建的"福金All-Link"平台,联合正大集团建立农资大数据网络系统等11大风控模块。在服务金融机构方面,金融壹账通提供智能办公、智能营销、智能风控、智能产品、智能运营五大解决方案,有效提升金融机构前、中、后台线上运转能力。智能办公方面,通过整合快乐平安、知鸟等内部智能办公平台,对外输出成套办公设施;智能营销方面,为金融机构提供Sales、Agent、Touch三位一体的SAT营销获客解决方案,帮助金融机构全面提升线上获客、活客能力;智能风控方面,通过为金融机构提供智能进件、智能贷后、电子凭证、智慧合约和线上清收工具,帮助金融机构全面升级无纸化线上业务流程,优化智能风控能力;智能产品方面,通过提供智能存款、零售线上贷款、中小企业线上贷三大产品服务，帮助银行更好地服务企业客户和个人客户，使客户在疫情期间足不出户便能享受到全在线业务服务；智能运营方面，通过提供金融云、智能语音和智能理赔三大服务，助力金融机构线上运营无忧。

2. 互联网平台背景企业

蚂蚁集团——推动现代服务业数字化升级

蚂蚁集团是移动支付平台支付宝的母公司，于2020年6月正式由"蚂蚁金服"更名为"蚂蚁集团"。在《2019全球独角兽企业500强发展报告》中，蚂蚁集团排名全球第二，估值超过1500亿美元，是世界范围内领先的金融科技独角兽企业。2020年11月3日，蚂蚁科技被上交所暂缓上市。

战略定位：致力于以科技推动包括金融服务业在内的全球现代服务业的数字化升级，为消费者和小微企业提供普惠、绿色、可持续的服务。更名后，蚂蚁集团未来发展将转向科技输出，战略重点向商户端倾斜。

应用服务：目前，蚂蚁集团旗下有支付宝、余额宝、花呗、相互宝、网商银行、芝麻信用等在内的六大板块，服务涉及支付、财富管理、互联网借贷、互联网银行服务、信用科技等多个领域。其中，支付宝已经从一个支付工具变为一站式生活服务平台，全球用户超过13亿。余额宝是一项小额分散的现金管理工具，可购买货币基金，还可随时消费支付，灵活便捷。花呗是一款"先消费、后还款"的消费信贷产品。用户可以使用花呗的额度，享受最长40天的延后还款或最长12期的分期还款体验。相互宝是一项大病互助计划，有互助、普惠的特点，让有大病保障需求的人们聚集在一起，互帮互助。上线一年，已经有超一亿人加入。网商银行是国内首批民营银行，利用互联网技术、数据和渠道创新，帮助解决小微企业融资难融资贵、农村金融服务匮乏等问题。芝麻信用利用云计算、人工智能等科技客观呈现个人和企业的商业信用状况，对租赁、购物、商旅等众多商业场景进行科技赋能。

腾讯金融科技——金融与用户的连接器，行业的数字化助手

腾讯在金融科技领域的布局可追溯至2005年成立的财付通，2015年正式升级为"腾讯支付基础平台与金融应用线（FiT）"，并更名为腾讯金融科技，以微信支付和QQ钱包两大平台为基础，为用户提供互联网支付和金融服务。

战略定位：腾讯金融科技的定位是成为金融与用户的连接器，以支付为入口，强调科技能力的输出与对B端的赋能，以其用户场景、产品服务、平台能力和基础技术为支撑，实现与传统金融机构互补，并建立一个覆盖银行、信贷、保险、证券、基金、理财、征信和金融科技服务的互联网金融生态圈。

应用服务：腾讯金融科技提供的服务覆盖支付、理财、证券和创新金融在内的4大领域12条产品线。支付方面，微信支付和QQ钱包提供包括手机充值、信用卡还款、理财通、生活缴费在内的线上线下消费场景，日均支付超过6亿笔，月活支付账户超8亿。理财方面，腾讯理财通为用户提供货币基金、定期理财保险理财、指数基金等多项理财产品和服务。例如财务通作为第三方支付机构保障支付交易资金安全。证券方面，腾讯通过与券商合作，为用户提供7×24小时刷脸开户、股价查询、便捷交易等基础证券服务。创新金融方面，腾讯

推出微加信用卡、腾讯金融云、腾讯区块链等服务。如腾讯微加信用卡是腾讯联合银行推出的信用卡综合服务平台，为用户提供快速申卡、卡面定制、权益自选、积分兑换、消费分期和账单管理等全新产品服务体验。腾讯金融云和腾讯区块链则是腾讯依靠自身技术优势，为银行、保险、证券、消费金融等行业提供金融云与可信区块链解决方案，助力金融行业实现数字化转型。

度小满——智能金融服务提供商

百度于2015年12月成立金融服务事业群组，利用人工智能技术在金融领域布局。2018年4月，百度金融服务事业群组完成拆分，启用全新品牌"度小满金融"，实现独立运营。

战略定位：度小满金融基于百度在人工智能领域的优势和技术实力，将2B端业务视为发力点，致力于用科技提供金融服务。度小满重视以持牌业务为基础，与各类金融机构开展合作，输出机器人流程自动化、智能风控、智能投顾、智能获客及大数据风控等科技能力。

应用服务：度小满通过"有钱花""度小满理财""度小满钱包"以及"金融科技开放平台""智能语音机器人"等产品与服务，完成了在消费信贷、财富管理、支付以及金融科技领域的布局。其中"有钱花"是度小满旗下信贷服务品牌，提供面向大众的个人消费信贷及场景分期服务。依托人工智能和大数据风控技术，实现了风控能力的全面升级，具有申请简便、审批快、额度高、放款快等特点，可根据用户的借款需求进行精准匹配，为用户提供值得信赖的信贷服务。度小满理财是专业化的理财平台，提供基金投资、活期理财、保险等多元化理财产品。度小满钱包是第三方支付应用和服务平台，它将度小满金融旗下的产品及海量商户与广大用户直接"连接"，提供超级转账、付款、缴费、充值等支付服务，并打通O2O生活消费领域。度小满金融科技开放平台以人工智能、大数据、云计算为代表的科技能力为基础搭建，旨在为银行、互联网金融机构等提供身份识别、反欺诈、信用评估、风险监测、贷后催收等系列产品能力及一体化解决方案。

京东科技——服务金融与实体经济的数字科技平台

京东科技起步于专注金融科技服务的京东金融（后更名为"京东数字科技"），是一家全球领先的数字科技公司。2021年1月，京东整合原京东数字科技、原京东云与AI事业部，正式成立京东科技子集团。金融机构数字化解决方案是京东科技的三大核心业务之一。截至2020年6月底，在金融机构服务领域，京东数科已为超600家包括商业银行、保险公司、基金公司、信托公司、证券公司在内的各类金融机构提供了多层次全方位数字化解决方案。

战略定位：致力于为金融机构、商户与企业、政府及其他客户提供全方位数字化解决方案。京东将金融作为核心业务之一，打造个人和企业两大服务体系，致力于让消费者享受专业、安全的数字金融服务。个人金融板块涵盖消费金融、支付、财富管理、众筹、保险、证券等领域，企业金融板块涵盖保理融资、信用贷款等领域。

应用服务：京东金融的数字农贷是全新的微供应链金融模式。数字农贷以农业生产过程的数据化模型和农民的历史生产数据为基础，对未来生产结果作出预测，再以预测的统计学结果产生信用，进而对生产过程进行全程、高频、多方位的监管，以资金管理和风险管理辅助农业生产管理。

数字农贷项目从贷前、贷中和贷后各个环节运用数字化技术进行风险管理和生产管理。

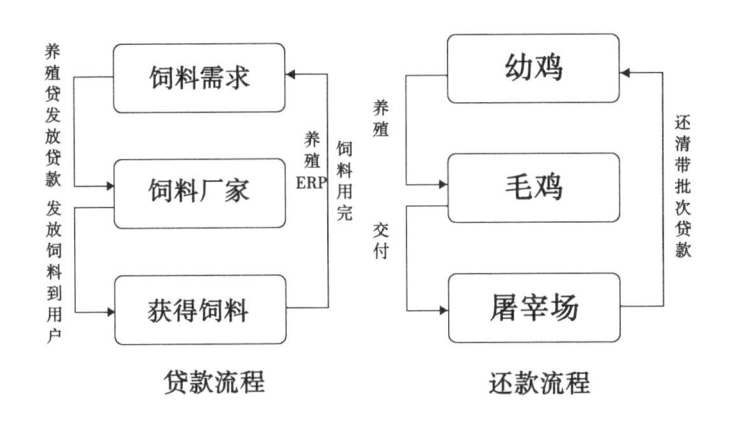

附录图1—1　京东数字农贷项目贷还款流程

在贷前阶段，通过采集农户历史生产数据，建立量化模型并对产出结果进行预测并对农户进行授信。

在贷中阶段，数字农贷通过利用云管理系统，实现基于养殖数据进行高频、实时、循环的放贷。

在贷后阶段，数字农贷应用数字化的技术手段将风险管理和生产管理有效结合，对生产过程进行全程数字化监测，帮助建立一套集物流管理、信息流管理和资金流管理于一体的现代化农业养殖管理体系。

3. 基础软硬件厂商

华为——专注于行业数字化转型，更懂金融

智能世界正在加速到来，华为企业业务坚持"平台＋AI＋生态"战略，与合作伙伴一起为政府和企业客户提供无处不在的连接、无所不及的智能，并基于华为沃土数字平台，融合云计算、物联网、大数据、AI、5G等多种新ICT技术，构建数字世界底座，支撑客户数字化转型成功,将数字世界带入每个组织。

2019年,华为与中国人民银行清算总中心、中国建设银行、中国邮政储蓄银行等领先金融机构、单位签署战略合作协议,设立联合创新中心,就AI、5G、大数据、云计算、分布式架构等领域开展研究合作,并与中国人民银行数字货币研究所签署合作备忘录。截至2019年底,华为已服务全球超过1000家金融客户,包括全球Top100银行中的47家。

战略定位:华为致力于深入洞察金融行业在业务创新和产业升级中不断产生的场景化需求,促进创新ICT技术与金融服务应用场景的深度融合。从提供安全可靠的云化数据中心基础设施,到通过敏捷科技架构建设打造数字化转型的发动机,再到利用各种"黑科技"提升客户体验,华为将携手合作伙伴及广大金融客户共创行业数字化转型新空间,共赢数字化金融未来。

应用服务:华为中国政企业务具备领先的技术和项目积累,深耕政企行业十余年,磨炼出能精准识别企业生产、决策等核心业务场景痛点和需求的能力,聚集了一大批"内行"的合作伙伴,打造了百余个场景化解决方案……面向金融行业,华为落地细分场景,聚焦6大金融解决方案,服务金融客户科技创新。分布式新核心解决方案提供分布式核心咨询服务和云化软硬件底座,构筑99.999%可靠、整体性能超大机的分布式核心系统,并且满足金融行业业务双活、性能提升、稳定运行的需求。金融融合数据湖解决方案融合云计算、大数据、AI等技术,为客户提供具有最佳用数体验,最优数据使能和最高分析性能的数据湖融合平台,助力金融企业在FinTech时代在前中后台开展精确获客、实时风控和精益经营等能力重塑,更智能地提供个性化的产品和体验。银行智慧网点解决方案以视频智能分析为技术核心，通过在网点内部署边缘计算，接入网点摄像头视频，实现 VIP 客户无感知秒级识别的功能，助力银行等相关网点智慧建设。金融数据中心及灾备中心建设解决方案提供应用级的容灾方案，可实现基于应用的容灾保护。同时针对不同等级的应用提供与之匹配的灾备方案，保障金融企业业务连续性。金融网络 SDN 改造解决方案基于 SDN 思想加上质量感知、平滑演进两大架构创新，让网络能够快速、灵活地为金融业务应用服务。核心存储闪存升级解决方案凭借高性能、稳定可靠、融合高效的特点成为众多客户的选择，目前华为全闪存存储已被 100 多家大型金融机构采用，其中包括全球前 20 大银行中的 7 家。

亮点案例：华为 FusionData 解决方案使得工商银行企业级数据仓库切换成大数据服务云成为可能，工商银行 37 家境内分支机构、上百个应用、上千个场景开始在云上提供服务。华为融合数据湖解决方案助力马来西亚丰隆银行打造全行数据统一管理的新数据平台，支持客户画像、精准营销等创新应用。华为金融云助力中国银行、华夏银行部署基于开放分布式架构的云平台。华为 FinCube 开放银行解决方案助力泰国领先银行打造新数字核心，为当地提供普惠金融服务。

中兴——筑基创新，助力金融数字化转型

中兴通讯是全球领先的综合通信信息解决方案提供商，一直将创新作为企业生存的生命线。中兴在全球拥有专利超 7.6 万件，连续 9 年 PCT 专利申请列全球前五。每年将超过营收的 10% 投入到研发，2020 年上半年研发投入更是高达 14.1%，持续增强在 5G、芯片、操作系统、数据库等信息化基础设施关键领域的研发投入。

中兴通讯 5G 战略全球专利布局 5000 多件，位列第一阵营；5G

标准必要专利（5G SEP）排名全球前三位（2561族）；拥有超过200位资深的标准专家，致力于3GPP相关的标准工作，针对5G无线接入和5G下一代核心网提出7000多个提案。中兴通讯已获得55个5G商用合同，与90多家运营商开展5G业务合作。

在政企市场，中兴通讯积极参与垂直行业协同创新、应用产业生态培育。目前中兴通讯已与超过500家的合作伙伴在智慧城市、数字政府以及能源、交通、金融、工业、医疗教育等领域开发创新应用场景。

战略定位：中兴通讯依托30多年ICT领域的技术创新和积累，在金融行业致力于成为金融IT架构变革的引领者，为金融客户提供安全可控、技术领先、稳定可靠、性能强大的产品和方案，并坚持金融创新和安全可靠并重，推动着金融科技成为服务实体经济、防控金融风险、深化金融供给侧结构性改革的重要力量。目前中兴提供金融行业全栈式端到端解决方案，包括多地多活大数据中心及金融云解决方案、全渠道远程智慧银行解决方案、远程安全办公和云视频解决方案、金融级交易型分布式数据GoldenDB解决方案等，全面服务于金融监管机构、国有大行、股份制银行、省农信、城商行、农商行和各大保险、证券等。

应用服务：中兴通讯领先的金融级交易型分布式数据库GoldenDB是金融科技新引擎。中兴在数据库领域有着18年的技术积累，申请发明专利200多件。2014年中兴围绕金融行业核心数据库场景持续投入，在实时强一致性、语法兼容性、在线扩展能力等技术指标方面达到金融核心业务要求，拥有完全自主知识产权，实现金融行业信息化基础设施关键领域重大突破。在中国信息通信研究院组织的"分布式事务型数据库评测"测试中是唯一一家满分通过所有测试项的产品，在 2019 年 7 月中国电子学会组织的科技成果鉴定会上，鉴定委员会一致认为"该成果技术复杂，研制难度大，创新性强，总体上达到国内领先、国际先进水平"。

GoldenDB 目前在股份制银行、省农信及城商行都有广泛的应用案例，如中信银行、浦发银行、渤海银行、银联数据、广东省农信、江苏省农信、东莞农商等。2019 年 10 月 GoldenDB 数据库在中信银行信用卡核心业务系统成功投产应用，2020 年 5 月 3 日又在中信银行总行账务核心业务系统成功投产应用，一举打破了金融行业核心业务数据库长期被国外数据库垄断的局面，成为首个在大型商业银行核心业务系统投产的国产数据库。目前中信银行两大核心业务系统完全运行在国产分布式数据库上，并经历了 618、双十一、季度/年终结算等一系列考验，至今运行稳定。

中兴通讯 GoldenDB 与近百家上下游产业链合作伙伴，共同打造了涵盖上层应用、中间件、底层操作系统、CPU 以及服务和工具的全产业生态圈。同时中兴通讯作为金融产业科技联盟分布式专委会的核心成员单位，牵头多项核心课题研究；共建金融分布式数据库生态联合实验室，积极参与核心技术攻关及标准化工作，打造开放、合作、共赢的金融科技产业发展新生态。

星环科技——用 AI 与大数据赋能金融

星环信息科技（上海）有限公司于 2013 年创立，公司专注于企业级容器云计算、大数据和人工智能核心平台的基础软件研发。经过七年的发展，已成为全球领先的容器云计算、大数据和人工智能基础软件供应商。

战略定位：星环科技致力于提供自主研发的一站式大数据与人工智能平台。作为全球第一家涵盖大数据＋人工智能＋容器云商业化应用服务为一体的企业，星环科技已经在存储引擎层、计算引擎层、编译器层实现了统一重构，打破了国外企业在大数据基础软件领域的垄断地位，通过自主创新大数据产品帮助国内企业提升业务价值和数据价值。在金融行业，星环科技服务数百家用户，是落地案例最多的大数据平台厂商，全面布局监管机构、交易所、银行、证券、基金、期货、保险、消费金融等领域。

应用服务：星环科技通过三条自主研发的产品线——基于容器的全栈数据云平台 Transwarp Data Cloud（TDC）、一站式大数据平台 Transwarp Data Hub（TDH）、智子人工智能平台 Transwarp Sophon，推动金融等行业实现数字化转型。其产品典型的应用场景覆盖金融行业的基础设施及数据服务、客户管理、运营管理、风险控制、精准营销、监管报送、监管分析、审计合规、信贷管理、投资交易、知识图谱、运维监控等方面。例如在金融行业实时业务处理方面，星环科技强大的实时流处理引擎，以其低延时、高吞吐、易使用，支持复杂事件处理，以及流上机器学习等优势获得了大量金融客户的认可和青睐，在实时风控、实时推荐、实时资讯发布、实时大屏、实时交易监察、实时监管等多个核心业务场景中被广泛使用。在金融知识图谱方面，星环科技自研了分布式图数据库和知识图谱产品，可以支撑超百亿个节点、千亿条边的处理能力，在知识数据获取采集、知识融合抽取、图谱构建可视化、图谱计算与分析等方面均提供了高效易用的平台支撑，相关产品已在金融风控（如欺诈和洗钱团伙发现、异常交易监测）、客群营销、对公风险传导、政策与舆情图谱、担保链圈分析、债券或上市公司图谱等多个业务场景体现出强大的业务洞察能力。

中电金信——金融行业信息服务的国家队

中电金信(原名文思海辉)自1999年开始向银行提供专业应用软件,2017年跃升为国内最大的银行业IT解决方案供应商,通过14000余人团队为500多家金融机构提供100多种应用软件解决方案。2020年初,中电金信正式加入中国电子信息产业集团,成为金融行业信息科技全系列技术创新的国家队成员。

战略定位:中电金信是金融科技全栈技术的应用总装集成者。中电金信全面布局芯片、存储、设备、操作系统、数据库、中间件、安全设施、云计算框架到应用软件全系列技术自主可控创新,事关国民经济的基本安全和可持续发展,这需要整个体系的协同、适配和发展。

而应用系统牵动、实际场景验证的全系列技术要素适配和运用则成为新安全技术体系建设的关键,中电金信作为头部金融IT解决方案供应商,即承担此应用驱动的总装集成使命。

应用服务:作为金融行业信息技术应用创新的排头兵,中电金信金融应用服务基于DAP金融PaaS平台、数据中台等技术平台,借助云计算、大数据、人工智能、移动互联等信创技术,围绕数字化业务、数字化营销和数字化运营三个数字化能力板块助力金融机构数字化转型,并提供专业的咨询服务和质量安全服务。在基础技术平台PaaS方面,经过多年对分布式技术的技术实践和不断打磨,基于"开源+自主研发"的分布式金融PaaS平台,DAP产品已经拥有20多个具有自主知识产权的技术组件,并成功应用于30多家国内金融机构的重要生产系统,打造了完整的金融级分布式PaaS平台解决方案。在数字化业务方面,新一代分布式核心系统结合创新型CPU、国产操作系统、国产数据库以及云平台实现核心系统从集中式到分布式的转变,有效推动信创 CPU、数据库、操作系统等在金融行业的推广。在数字化营销方面,通过组件化的设计模式,构建营销活动管理、数据挖掘、客户画像、实时决策、权益子平台、远程银行、智能客服等营销服务平台,完成客户千人千面的精准画像和分析,从而为不同的客户提供差异化金融产品和服务。在数字化运营方面,中电金信金融信贷和智能风控反欺诈解决方案基于多维风控模型,并通过灵活高性能的决策引擎对风险进行评估,在实时信贷审批的过程中融入分级反欺诈决策体系,加快审批速度,提升用户体验,为银行建立完善的风险管控体系,促进银行业务的持续健康发展。在大数据服务方面,中电金信在大数据领域提供数据仓库、数据集市、大数据平台、数据应用等数据系统的开发建设服务,以及数据治理、数据中台的数据运营优化服务。通过提供数据"采存管用"全流程服务,为客户打造数据驱动能力体系,真正赋能智能风控、个性营销、业务运营等应用场景。在咨询服务方面,中电金信金融致力于为金融机构提供专业化的数字化转型咨询、数据治理咨询、主机下移实施咨询、营销咨询及运营等技术咨询、业务咨询和管理咨询服务。

通付盾——打造基于大数据的设备风险防控产品

通付盾是一家以数字身份认证为核心的智能网络解决方案提供商与数据运营商,为金融、电力、运营商、教育、医疗等行业用户,提供基于无边界、零信任、自适应的"加密、智能、合规"多维度数字化技术解决方案。

战略定位:聚焦数字安全的核心需求,通过区块链、人工智能与大数据底层算法的技术能力,输出围绕数字身份管理、移动应用安全、智能决策系列数字技术产品与服务，让数字生活更安全、更美好。

应用服务：金融行业数字化转型与自主创新正孕育着巨大的市场机会。数字安全、隐私保护已从监管要求转化为业务刚需，各行各业过去被动块状的网络空间安全能力建设模式，将升级为与业务主动相结合共同进化的体系架构。通付盾通过大数据、机器学习、设备指纹等技术建立 App 风险防控体系，在保障个人隐私和数据安全的前提下，通过设备指纹、态势感知、探针监测、关系图谱等技术手段，实现对用户终端设备运行情况的实时风险监测、分析及处理，防范终端风险，为用户提供及时、准确的终端安全威胁预警（如二次打包、危险框架、环境威胁等风险主动提醒），应用于手机银行（理财、收付款、贷款等）、"三农"电商平台（产品展示、购买交易等）等金融服务场景，从而加强金融 App 的安全防护能力，解决金融机构安全运营效能痛点。

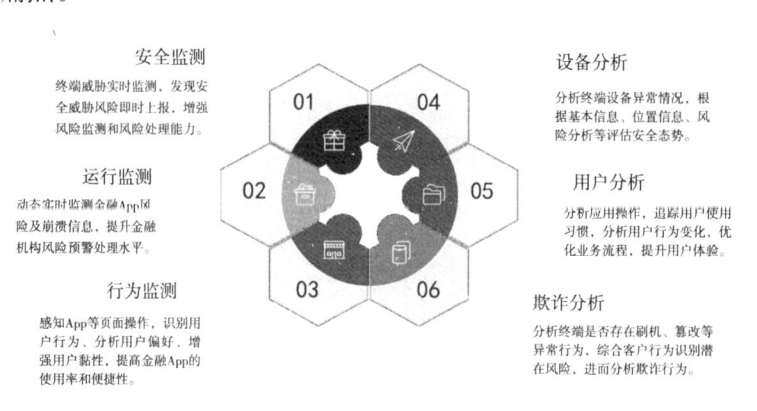

安全监测
终端威胁实时监测，发现安全威胁风险即时上报，增强风险监测和风险处理能力。

运行监测
动态实时监测金融App风险及崩溃信息，提升金融机构风险预警处理水平。

行为监测
感知App等页面操作，识别用户行为、分析用户偏好，增强用户黏性，提高金融App的使用率和便捷性。

设备分析
分析终端设备异常情况，根据基本信息、位置信息、风险分析等评估安全态势。

用户分析
分析应用操作，追踪用户使用习惯，分析用户行为变化，优化业务流程，提升用户体验。

欺诈分析
分析终端是否存在刷机、篡改等异常行为，综合客户行为识别潜在风险，进而分析欺诈行为。

附录图1—2　通付盾大数据设备风险防控产品功能服务

通付盾打造基于大数据的设备风险防控产品能够有效优化产品业务流程，实现移动金融客户端应用软件数据的多维度、全方位数据分析和可视化管理，提升客户服务体验。同时可以帮助金融机构进行移动金融客户端应用软件的安全管理,做到风险"可知、可析、可控",有效提升行业风险防控能力。并能够更好地为中小微企业提供互联网＋农业＋金融服务,助力疏解"三农电商平台产销及融资难融资贵"等社会问题。

用友——企业"数智化"的创想者

用友是一家面向金融业提供产品及服务的综合性金融科技公司,致力于为企业及公共组织提供数字化、智能化服务,推动金融业务与管理创新。用友金融科技的亮点体现在用共享和智能化的财务方案,帮助金融机构达到提高财务管理水平,达成有效管控能力,提升经费管理质量和效率,降低管理成本的效果。

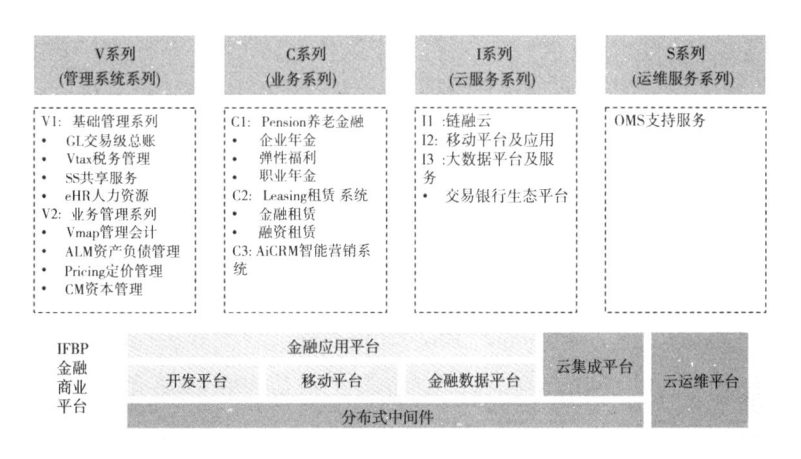

V系列 (管理系统系列)	C系列 (业务系列)	I系列 (云服务系列)	S系列 (运维服务系列)
V1: 基础管理系列 • GL交易级总账 • Vtax税务管理 • SS共享服务 • eHR人力资源 V2: 业务管理系列 • Vmap管理会计 • ALM资产负债管理 • Pricing定价管理 • CM资本管理	C1: Pension养老金融 • 企业年金 • 弹性福利 • 职业年金 C2: Leasing租赁 系统 • 金融租赁 • 融资租赁 C3: AiCRM智能营销系统	I1: 链融云 I2: 移动平台及应用 I3: 大数据平台及服务 • 交易银行生态平台	OMS支持服务

IFBP 金融 商业 平台	金融应用平台			云集成平台	云运维平台
	开发平台	移动平台	金融数据平台		
	分布式中间件				

附录图1—3 用友四大金融科技应用产品系列

战略定位:基于金融科技与金融业务创新融合发展的战略机会,用友目前正式步入以"金融科技的价值"为品牌战略的3.0时期。用友金融确定了盈利能力提升和业务规模增长并举、业务与资本运作双轮驱动、公司竞争力与价值同步提升三大总体经营策略。公司面向亚太本土金融行业客户,定位于金融科技及服务的提供商,旨在满足金融业"平台、软件、专业服务、行业云服务"为主的发展需求。以"秉持专业、创造价值"的核心理念,全力支持金融行业客户数字化智能化创新发展,用友的服务对象覆盖银行、证券、基金、信托、保险、期货、养老金融、租赁等各金融细分行业。

应用服务:用友目前形成了以"平台+应用+运营"为运营模式的用友金融3.0,即iFBP(金融商业平台)+V(管理系统系列)、C(业务系统系列)、I(云服务系列)、S(运维服务系列)四大应用产品系列,以此助力金融企业快速实现价值。其中V系列包括基础管理系列和业务管理系列,主要辅助金融企业管理公司财务、人力;C系列辅助公司进行职工福利、租赁以及营销等事务的处理;I系列主要为公司提供各类云服务平台;S系列产品主要进行运维服务支持。

恒生电子——用技术赋能金融,让金融变得简单

恒生电子股份有限公司于1995年成立于杭州,2003年在上海证券交易所主板上市,是中国领先的金融软件和网络服务供应商。作为中国金融全领域服务商龙头,恒生聚焦金融行业,致力于为证券、期货、基金、信托、保险、银行、交易所、私募等机构提供整体的解决方案和服务,在券商的核心交易系统、资管的投资管理系统、银行的综合理财系统以及金融机构的TA系统等领域都有很高的市场占有率。同时恒生也为个人投资者提供财富管理工具。

战略定位:恒生电子的愿景——"成为全球领先的金融科技公司"清楚地表明了其金融科技构想。在技术的探索和应用过程中,恒生电子一直秉承着开放和赋能的态度,致力于"让金融变简单"。恒生电子通过打造恒生研究院,以技术研发为着力点,将先进技术吸收到金融领域里来，持续推进业务与技术的融合，以此推动科技赋能金融。

应用服务：恒生电子的产品和服务分为资本市场 IT、银行 IT 业务、创新业务三类，前两类属于传统业务。恒生电子的资本市场 IT 业务包括经纪 IT 业务、资产管理 IT 业务、财富管理 IT 业务、交易所 IT 业务，基于这些业务场景，恒生推出了机构柜台系统、集中业务运营平台 BOP、新一代投资交易系统、证券资产管理系统、互联网实时 TA、基金外包系统、基金募集一体化系统、CRM 系统、智能客服系统、AMC 核心业务系统等产品。银行 IT 业务包括理财子公司大资管的整体解决方案，可以加快 TA、估值、销售等系统的推广和落地；交易银行产品，目前已经落地了多家股份制银行等重点客户；在线供应链系统，已经在多家银行得到成功应用；基于 JAVA 技术构建的支持分布式和微服务的 GAPS5.0 平台，已在多家银行落地应用；消费金融系统，目前已经持续扩展到银行、信托、消金等机构……创新业务中最突出的是恒生电子提供的人工智能服务，包括智能理财师、智能 KYC、智能资产配置、智能问答服务平台等产品，在智能投顾、智能资讯、智能监管、智能客服、智能运营、智能投资平台等场景下均已有落地案例。

4. 金融科技新秀公司

【To C 端】虎博科技、乐信集团

虎博科技——中国"新搜索"，行业的数智化伙伴

虎博科技成立于 2017 年，是一家专注自然语言处理、深度学习等前沿人工智能技术的高新技术企业，主打新一代搜索和推荐，致力于通过自主研发的人工智能产品打造中国"新搜索"，使人们从烦琐重复

的劳动中解放出来，将精力投入到更富创造性的工作中，帮助企业和个人实现降本增效。

战略定位：虎博科技致力于成为中国"新搜索"，服务人们智能化的信息获取。在金融科技业务上，以可视化、结构化方式呈现财经领域关键内容，打破了传统搜索20年未变形态，实现"即搜即结果"。同时，虎博科技注重核心技术能力的输出和对B端的赋能，强调行业共融发展，为企业和政府的数智转型提供"新基建"技术弹药。

应用服务：虎博科技将C端优势拓展至B端，并率先落地金融领域。C端推出虎博搜索，B端输出底层核心能力，提供智能搜索、NLP算法中台、智能问答机器人、智能舆情系统等四大产品，服务证券、银行、保险、基金等多个金融领域，并已拓展至政务、媒体、医药、商贸等多个行业。

附录图1—4　虎博搜索 PC 版部分截图

C端上，虎博科技旗舰产品虎博搜索是一站式专业数据信息平台，也是上海市首批人工智能创新产品，服务有商业分析需求的企业和个人，以结构化、可视化方式帮助人们挖掘财经相关数据信息，解决专业信息获取难的痛点。其数据范围覆盖全球市场、宏观行业、公司研究、风险分析等。目前，虎博搜索受到了数十万专业用户好评，复购率超40％。

B端，虎博科技利用自身在自然语言处理方面的技术沉淀，通过四大产品服务企业和政府实现数智化转型。证券方面，虎博科技为券商产品打造了智能搜索系统，提升其获取资讯和专业数据的效率，精细化风险防控颗粒度。目前已服务国内50％以上头部券商。

银行方面，不仅为多家城商行统一内部信息入口，构建企业知识库，还为其App或网站升级智能搜索功能，拓展银行服务用户的场景；保险方面，虎博科技围绕前端营销、中端核保理赔和后端定价等核心环节，服务保险客户在智能营销、智能客服、智能理赔等方面需求，已与多家保险公司达成战略合作；基金方面，虎博科技不仅为其建立统一的智能资讯平台，并为其App或网站打造智能搜索功能，服务内部资讯获取效率和用户多样化的基金需求。

案例亮点：虎博科技颠覆了传统搜索URL体验，打造出中国"新搜索"——虎博搜索，不仅突破了自然语言处理商用难的困境，率先在C端虎博搜索中跑通了付费模式，而且以自身核心技术能力，赋能企业和政府数智化转型。

乐信集团——用科技创新创造新消费方式

深圳乐信控股有限公司（简称"乐信集团"）成立于2013年8月，于2017年12月在美国纳斯达克交易所挂牌上市，是中国领先的新消费服务平台，打造了以分期消费品牌分期乐商城、数字化全场景分期消费产品乐花卡、会员制消费服务品牌乐卡为核心的新消费服务生态，截至2020年8月，乐信用户数突破1亿。乐信现有员工8000余人，其中研发人员占比57%以上。

战略定位：乐信致力于用科技改变消费，以科技不断创新消费方式，通过科技助力商家提升经营能力，创造更大商业价值，成为中国新消费生态领军者。

应用服务：2013年8月，乐信旗下"分期乐商城"正式上线运营，开创了中国互联网分期电商这一全新的商业模式。分期乐商城涵盖与年轻白领生活密切相关的14个消费品类、200万个SKU（商品种类），与苹果、华为、联想、OPPO、VIVO、飞利浦、欧莱雅等众多知名品牌建立了官方合作，并享有战略投资方京东提供的供应链、物流、仓储、售后服务。分期乐商城2019年GMV交易额突破1200亿元，2020年8月平台注册用户突破1亿，成为深圳第二大互联网公司和最大的电商企业。

案例亮点：互联网分期电商，是一种高技术附加值的电商模式，涵盖传统电商、消费金融、会员制消费服务、科技产品输出等维度，这要求乐信的金融科技能力既要具备快速迭代能力，又要具备金融级的稳定性；既要有兼容性，又要相对独立。

乐信自成立之初就确定了"技术驱动型"的发展路线（先开发系统，再去营销获客），分期乐商城的第一笔订单、第一个客户就是在系统中完成的。目前，乐信已将包括人工智能、区块链、云计算、大数据等领先的金融科技技术应用于电子商务、消费金融业务全链条。

乐信技术最显著的特点不在于某一项技术本身，而是对涉及电子商务、消费金融的"体系化"技术系统的自主研发、集成优化。分期乐商城目前每天产生 100 多万笔分期消费订单，每笔订单金额在千元以内，这种小额分散海量的资产类型，用常规的人工方法很难处理，只有用技术手段批量化处理订单，才能够降低成本、提升用户体验。乐信的"体系化"技术系统在应对"小额高频"的分期电商场景中发挥了关键作用，乐信强大的技术中台系统涵盖了从交易、授信、匹配、支付、还款到清结算等电子商务、消费金融链路全部环节，将关键技术全部制作成"标准化"的"模具"应用，可以做到像"乐高"积木一样自由组合，支持新业务开展、新产品研发以及新资金机构合作的快速接入与快速部署。

【To G 端】四方启点

四方启点——公务之家平台助力构建政府"业财融合"新格局

北京四方启点科技有限公司（以下简称"四方启点"）成立于 2017 年 3 月，是依托国家电子文件管理部际联席会议办公室、财政部联合推进的"预算单位差旅电子凭证网上报销改革"这一国家电子政务工程而成立的一家高科技公司，公司建设运营的"公务之家"平台，向全国近百万家党政机关事业单位及数千万公务人员提供优质的电子政务云服务和业务财务融合支撑。

2017 年 7 月改革试点率先在河北省启动，围绕改革任务，四方启点建设和运营的"公务之家"平台，以差旅电子化报销为切入点，以单轨制电子凭证为核心，实现政府资金支出从业务审批、资金拨付到会计核算的全流程电子化、单轨制运行模式，构建起以经济业务与会计管理深度融合为目标的新型政府财务管理信息化支撑体系。在河北省成功应用的基础上，2018年11月，依托全国统一的"公务之家"平台，试点范围进一步扩大至北京、上海、江苏、云南等10个省（区、市）和财政部、审计署、税务总局等10个中央和国家机关部委。

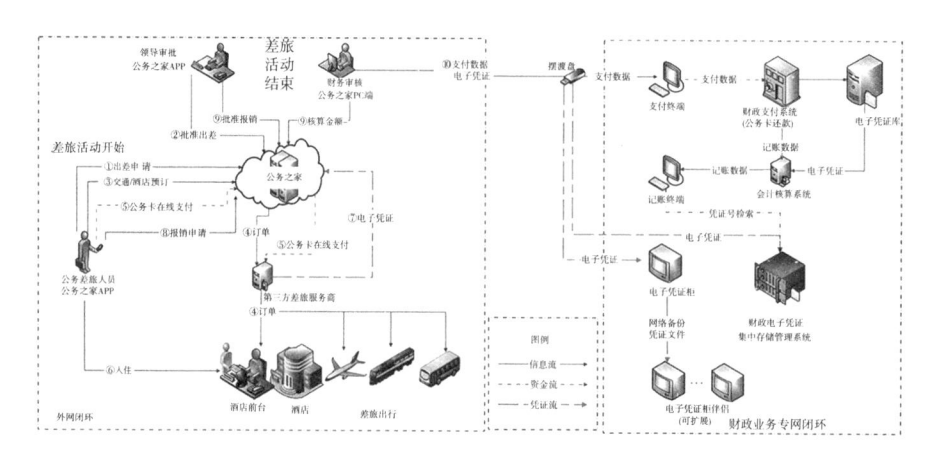

附录图1—5 "公务之家"电子凭证网上报销业务逻辑

应用服务："公务之家"使得从业务申请到领导审批，从公务卡支付到还款到账，公务人员不用跑签找领导、不用贴票找财务，在手机端就能全部完成。公务之家平台真正单轨制运行的电子化报销业务，不仅给繁杂琐碎的财务工作带来便捷高效的新变化，更是通过"一个业务平台、一套管理体系"，以电子凭证为贯穿，将业务管理流程、数据分析、内控预警固化在系统中，将区块链的理念与技术应用在电子凭证安全可信体系和财政资金支付的全链条之中，信息流、资金流、凭证流三线并行，真正从数据底层打通业务与财务管理的系统壁垒，实现业务、财务、内控、分析一体化融合，有助于向各方提供更精准、及时、有价值的财务管理数据和信息，形成预算单位、财政、人民银行、商业代理银行等各方基于电子签名与逐级验签的电子凭证可信机制，建立起环环相扣、交叉印证的弱中心化的资金安全管理模式，单位内部控制体系进一步健全,财务管理效能、财政资金运行安全得到全面提升。基于"公务之家"平台"业财融合"一体化支撑的改革成效日益显现,目前已有19个省(市、区)、25个中央部委应用公务之家搭建起新型的业财一体化管理和内控管理平台。

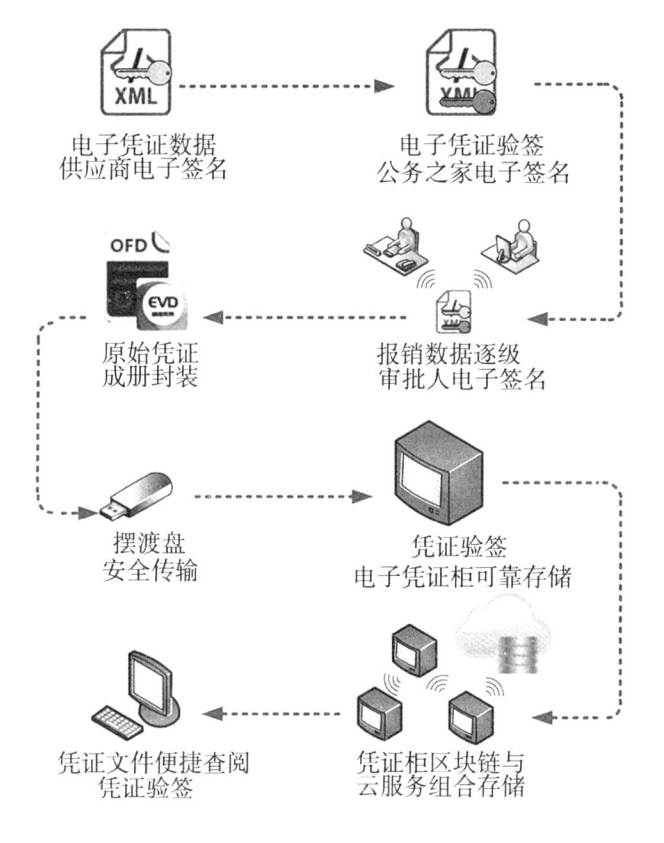

附录图1—6 "公务之家"电子凭证流转

"公务之家"是创新的互联网+政务服务平台,既符合典型的互联网平台应用模式,也具备SaaS服务模式的平台架构,目前已经形成以公务之家平台为基础的移动互联、SaaS云服务、安全数据中心、智能硬件研发、公务商旅保障等多方位的政务产品及服务生态。四方启点通过加大科技创新力度，继续打造与完善公务之家产品和服务，紧紧跟随国家政务信息化改革方向，打造业财融合信息化服务坚实底座，支撑科技财务、智慧财务，充分发挥出财务管理的基础性作用，助力国家综合治理能力全面提升。

【To B 端】趋动科技、阿博茨

趋动科技——软件定义算力，助推金融业务与 AI 深度融合

北京趋动科技有限公司是一家自主创新的基础软件公司，专注于为全球用户提供国际领先的数据中心级 AI 算力资源池化软件解决方案。

战略定位：趋动科技深耕 AI 算力资源池化，致力于帮助客户提高 AI 算力利用率，降低总体拥有成本（TCO），从人力到硬件成本多维度的提高 AI 应用效率。当前的金融行业已经进入以人工智能（AI）为核心竞争力的金融 4.0 时代，AI 在智能风控、智能投顾、智能客服、智能营销等多种场景发挥着越来越重要的作用。趋动科技着力解决新时代下金融用户的痛点，实现降本增效：一是提供世界领先的 AI 算力资源池化技术，大幅提升 AI 资源尤其是算力的利用率；二是通过灵活的基础架构适配，显著提高算法工程师的工作效率；三是加速业务上线周期，全面优化金融机构敏捷性。

应用服务：借助于 OrionX AI 算力资源池化解决方案，金融客户以往独占 AI 算力资源的情况将不复出现。趋动科技将所有的 AI 算力硬件池化之后，平均物理 GPU 的利用率可以大幅提升，显著提升金融 AI 应用运行效率，更可以提升算法工程师 50% 工作效率。此外还提供全局 AI 算力资源管理调度策略以及 AI 算力资源池性能监控，为

金融运维人员提供直观的资源利用率等信息。趋动科技通过软件定义共享 AI 算力资源，多维度地缩短某科技型金融客户的 AI 应用开发周期，加快其 AI 应用落地进程。不仅能最小虚拟出颗粒度为 0.01 的 AI 算力资源，且可以跨节点聚合 AI 算力资源，使其利用率提高 4~8 倍，节省 80% 硬件成本。其 AI 算力资源池化能力不仅适用其本地 IDC 硬件资源，也适用于云端 AI 算力资源，通过全局分配管理 AI 算力，可将部门算法工程师部署模型所需时间从 2~3 天缩短到分钟。

阿博茨科技——致力于人工智能赋能金融业的科技新秀

阿博茨科技是一家服务全球市场的人工智能公司，于 2017 年正式开展业务，总部位于中国北京，公司致力于将人工智能技术赋能金融业，全面提升金融机构及大型企业的数字化、智能化水平。

战略定位：阿博茨科技专注于用 AI 技术改进金融数据的获取、提取、分析、沉淀、呈现的全流程，为客户构建一个私有的、可进化的 AI 金融大脑。阿博茨科技并不替代金融从业者做决策，而是通过为金融从业者提供业务场景中与数据相关的全流程解决方案，助力其更及时、便捷、准确、直观地处理数据，进而实现辅助决策的目的。

应用服务：阿博茨科技的核心能力体现在坚持 AI 技术创新，在计算机视觉、自然语言处理、知识图谱等技术领域有着长期的钻研和积累。核心技术拥有 20 多项全球专利，在文档图像识别领域的技术全球领先。通过与全球上百家金融机构及大型企业合作，阿博茨科技在实践中不断锤炼技术，研发了具备感知、认知、沉淀、表达、分析能力的 AI 金融大脑。阿博茨科技 AI 金融大脑在感知层面利用机器视觉技术，能够识别并解析包括 PDF、Word、PPT、邮件、图片格式在内的各类非结构化金融数据；在认知层面通过运用机器视觉＋自然语言处理，在数千万份金融文档的训练下，可以理解数据所表达的真实含义，具体到某篇财报中的","究竟是分隔符还是一个金融数字单位；在沉淀层面通过知识图谱、机器学习技术每天对超过 20 万篇的金融新闻进行持续的训练学习，将研究员和基金经理工作中产生的数据、模型、研究方法等知识留存在系统上，解决了金融机构头疼的人员流失而知识没有得到沉淀的问题；在表达层面，通过基于自然语言的可视化搜索引擎，使 AI 金融大脑具备表达呈现的能力，AI 能够将自然语言翻译成机器语言，把相关数据从海量数据中选择出来，再进行可视化展示。在分析层面通过对海量金融文档中的数据进行解析、理解与沉淀，具备数据分析能力，对领域知识进行持续性的建模分析，犹如一位智能化的投研助理，不断地学习与进化。如查询贵州茅台与五粮液 2019 年营业收入对比，AI 自动选择最佳绘图方式，一秒钟之内生成一张表达清晰、数据翔实的对比图，让金融数据分析一键触达。

5. 传统行业

通用金融——科技创新树立汽车金融新标杆

上汽通用汽车金融成立于 2004 年。自成立以来，公司始终致力于通过汽车金融支持我国汽车产业发展，一方面积极帮助终端零售客户更早、更轻松地实现购车梦想；另一方面则帮助经销商迅速建立库存，加速汽车销售链条的运行效率，为汽车从生产线走向展厅并最终到达消费者搭建了桥梁。

战略定位：作为国内第一家专业汽车金融公司，上汽通用汽车金融始终坚持打造自身"造血系统"。公司建立了银行间借款、金融债、跨境融资等多个外部融资渠道，凭借高达千亿级独立多元化外部融资体系，不间断地为主机厂、经销商和个人消费者提供资金支持。随着科技金融的蓬勃发展，公司提出了"第二次创业"的新口号，希望借由金融科技手段完成对业务链、资产信贷规模及客户群体的数字化转型，同时实现 To B 向 To C 业务架构转型，从通过经销商开拓业务转为直接对接消费者，借由线上服务和大数据技术更好地向用户推送产品。

应用服务：上海通用汽车金融搭建了整车厂、经销商紧密合作的营销一体网络，通过数据分析、数据挖掘等前沿技术，全方位地对汽车贷款业务进行全生命周期管理。公司建立的"北斗星"新零售信贷审批系统是业界领先的业务流程管理平台，实现了零售信贷审批这一核心业务的数字化再造及经销商、消费者贷款购车体验的再升级。经销商展厅移动应用"小管家"提供的申请信息"帮我录"能有效帮助销售人员及融资保险经理更高效地开展散客车贷业务，减少客户在店等待时间及到店次数，提升客户贷款服务体验和满意度。此外，针对整车厂、经销商，通用金融借助大数据等技术力量推出了 24 小时在线的自助业务服务平台，满足优质客户"当天提车"的愿望，以科技创新探索更优业务模式。

苏宁金融——运用金融科技服务普惠金融

苏宁金服由苏宁云商旗下第三方支付、供应链金融、理财、保险销售、基金销售、众筹、预付卡等金融业务整合而来。凭借苏宁线上线下海量的用户群体、特有的 O2O 零售模式和从采购到物流的全价值链经营模式，建立支付账户、投资理财、消费金融、企业贷款、商业保理、众筹、保险、预付卡等业务模块，打造了苏宁易付宝、苏宁理财、任性付、供应链融资、电器延保等一系列知名产品，为消费者和企业提供多场景的金融服务体验。

战略定位：作为国内金融科技独角兽的代表，苏宁金融对于新技术嗅觉敏锐，提前布局，率先行动，聚焦核心金融科技，重点发展金融科技赋能金融服务。苏宁金融定位为一家以O2O融合发展为特色的金融科技公司，始终坚持并践行"场景金融＋金融科技＝普惠金融"的发展模式，致力于让金融科技为行业赋能，让普惠金融惠及千家万户。

应用服务：苏宁金融深耕大数据、区块链、金融AI等核心技术，聚焦供应链金融、微商金融、消费金融、支付、财富管理五大业务。借助新兴科技手段，苏宁金融一方面降低了金融服务成本，另一方面将金融服务推广到传统金融所覆盖不到的区域，如公司推出的个人信用贷款产品"任性贷"，实现了万千用户秒申请、秒批复、秒使用和低日息的贷款需求，提升用户生活质量。针对各类小微企业及商户贷款业务，苏宁金融倾心打造了"乐业贷"，以适宜的利率缓解了企业融资难、融资贵的痛点，助力实体经济的发展。同时，苏宁金融基于自营金融业务数据以及苏宁生态体系数据打造的智能风控产品，为全行业提供了包括知识图谱、小微金融风控模型评分、防黄牛、消费金融反欺诈等在内的数据风控服务。苏宁金融宛如一条游鱼，潜入金融科技长河，逐渐崭露锋芒与生命力。

附录 2

海外金融科技典型企业案例

1. 美国典型企业案例

摩根士丹利：传统机构抢占金融科技高地

公司简介：摩根士丹利过去对交易领域的技术投入使得公司已成为世界上最大的股票交易公司。当前，摩根士丹利在金融科技的总体战略是通过数据驱动、建立金融科技生态，实现财富管理转型，服务客户。

业务模式：利用金融科技对已有业务赋能。摩根士丹利将机器学习、AI分析等现代信息技术应用到其三大核心功能平台：核心投顾平台 Next BestAction（NBA）、长期个性化投顾平台 Goals PlanningSystem（GPS）以及电子化抵押贷款及支付平台 Zelle。但摩根士丹利并不打算用机器投顾代替人工投顾，而是更希望通过机器和人工的协同，达到最佳服务效果。

发展状况：摩根士丹利全球员工约6万名，其中技术人员约6000~7000名，并且技术人员比例持续增加。同时为了加强技术对业务的驱动和融合，摩根士丹利在曼哈顿、上海、蒙特利尔等地建造了技术中心或信息中心，专注于低延时高性能电子化交易、云计算、网络安全、人工智能、用户终端等技术的研究。

摩根士丹利的核心业务平台包括 NBA、GPS 以及 Zelle，该平台的典型功能包括提供投资建议、提供操作预警、辅助解决客户日常事务。系统几秒钟就可以查找到客户的资产分布、税收情况、爱好和投资喜好。投资顾问可以在任何时间给成千上万的客户发送定制的信息，构建个性化的客户关系。新型支付系统、手机支付网络 Zelle，支持个人对个人的支付服务，因其操作简单、安装免费等诸多便利，被美国银行、摩根大通、富国银行等采用。

摩根士丹利持续加强在金融科技上的投入。近 5 年，摩根士丹利信息技术投入费用高达 393.77 亿美元。投资在云计算、大数据、人工智能、生物特征等现代科技领域全面铺开，落地多项应用并取得了显著成效，在 2018 年 Banking Technology Awards（已连续 19 年评选全球范围金融服务机构 IT 应用创新和杰出奖）的最佳应用中，摩根士丹利是入围奖项最多的公司。

构建数据"硬实力"，打通业务环节。依托海量的客户和业务数据，摩根士丹利每年会发布约 5.5 万份研究报告，报告内容多种多样，包括但不限于客户日常事件、生日、老人护理、借贷提醒等。同时，摩根士丹利正在探索用网络真实数据（wire data）来发现应用内部的错误。此外，摩根士丹利持续跟进量子计算等数据价值挖掘新技术，探索此类技术在加速风控模型效果、改善安全性方面的作用。

围绕自身建设金融科技生态，集各家之长。摩根士丹利自 2015 年开始，每年举办金融科技峰会，邀请各个细分领域的金融科技公司参会，给符合条件的公司颁发 Morgan Stanley Fintech Award，并以此选择中长期的合作伙伴，实现共赢。2017 年金融科技峰会有 60 余家金融科技公司参会，2018 年上升到 100 家，这些公司在市场、客户服务、数据分析处理、支付、合规、欺诈和安全等领域探讨技术协作机会。在 2019 年薪酬计划中，摩根士丹利将投资顾问使用新技术平台作为激励和考核项之一，推动金融科技应用的落地。

Acorns："小快灵"的智能投顾平台

公司简介："如果你还认为投资是那种一次能拿出几千美元的富人的事，那是时候认识一下 Acorns 了"。Acorns 通过提供微额投资服务，满足高成长性人群的财务需求，获得庞大的客户群，最终依托客户群体获取收入。

业务模式：Acorns 利用其特色的投资方式吸引用户，之后依托庞大的客户群体获取收入。Acorns 的主要投资方式包括极具特色的 "Rounds－ups" 微投资，定期投资，以及一次性投资，其中 Round－Ups 是 Acorns 主推的储蓄投资方式。用户先把银行卡与 Acorns 账户关联，Round－Ups 分账户会自动追踪用户近期的每一笔消费，将消费的找零（即将消费金融向上取整，取整后与原金额的差额为消费找零，例如，某次消费金额为 8.46 元，消费找零就是 0.54 元。）转移至 Acorns 投资账户。

从 Acorns 平台的注册用户类型、管理资产规模与费用收取方式来看，Acorns 的主要盈利模式与其他主流智能投顾平台不同，后者主要从其管理的资产规模中按比例获取收入，而前者则依赖于其庞大的客户群获取收入。Acorns 为用户提供了五个固定方案（保守、适度保守、适中、稳健、激进），分别对应不同的风险偏好，同时对外宣称免收交易费（归入管理费），在降低整体费率的同时简化了项目，便于投资小白理解和接受，在用户增长方面潜力巨大。

发展状况：Acorns 成立虽晚，但是发展速度令人瞩目。据 Acorns 官网显示，截至 2019 年 1 月，Acorns 的估值已达到 8.6 亿美元，与包括 Apple、Nike、Airbnb 等在内的 100 多家公司建立了合作关系。据 Acorns 在 SEC 上披露的信息显示，截至 2019 年 2 月，Acorns 累计管理客户资产规模达到了 12 亿美元，注册用户数达到了 450 万。

成为普惠金融的典型场景。Acorns 为高成长人群提供微额投资服务，通过消除投资过程的复杂流程，降低了投资门槛。据 IFC 报告显示，Acorns 大量初次投资的客户和 90% 的客户家庭年收入都在 10 万美元以下，50% 的客户年龄在 24～35 岁之间，25% 的客户年龄在 36～50 岁之间，服务的客户下至 18 岁，上至 98 岁。

2. 欧洲典型企业案例

OakNorth：欧洲领先的数字银行

公司简介：OakNorth 是一家英国数字银行，也是欧洲最有价值的金融科技公司，OakNorth 正在重新定义对全球中小型企业的贷款。

业务模式：OakNorth 不仅自身经营数字银行业务，同时还利用自身技术能力向其他银行输出贷款分析平台，为借贷双方提供数据和技术驱动解决方案，从而在整个贷款生命周期做出更快、更明治的决策。旗下开发有人工智能平台"ACORN"，通过把各个行业的贷款数据进行整合，并进行信用风险分析，致力于为中小企业贷款提供数据驱动的决策支持，此外，他们还实时监控同一行业的其他贷款，为用户提供一个基准系统和早期预警系统来主动监测风险。OakNorth 还推出了信贷领域新型解决方案，即OakNorth只需在商业软件平台上添加一个贴牌业务（white－label business），其他公司便可获得贷款，顺利开展业务。OakNorth通过信贷分析和承保专业知识，利用机器学习技术，使该银行信贷审批时间从通常的数周缩减为短短几天。之后该平台会主动监控银行投资组合中每个借款者的财务和运营数据，标记出任何潜在问题，以帮助减少未来逾期还款或违约的可能性。

发展状况：OakNorth成立于2015年9月，2016年便分别获得1.54亿英镑（约合13.5亿元人民币）和9000万英镑（约合7.9亿元人民币）的投资。2018年获得1亿美元投资。2019年2月又获得日本软银集团领投的4.4亿美元资金，估值达28亿美元。至今它已经向英国企业提供了40亿美元的贷款，没有出现一次信用违约事件，是全球成长最快的金融科技企业之一。在全球拥有数十家合作银行和金融机构。截至目前，OakNorth还筹集了超过10亿美元的资金。据企业服务数据库公司Crunchbase的数据显示，OakNorth是全球融资最多的五大金融科技公司之一，已实现盈利，在独角兽企业中凤毛麟角。该公司年报显示，其税前利润仅在运营的第三年就实现了220%的增长，达到4600万美元，而2019年全年税前利润超过9000万美元，相较2018年实现了超95%的增长。相比之下，欧洲的其他价值10亿美元的数字银行近期账目显示，这些银行正处于持续亏损状态：Atom银行亏损了1.04亿美元，Monzo银行亏损了1.56亿美元，Revolut银行亏损了1.39亿美元。相比之下，OakNorth在运营初期就取得佳绩，表现着实不俗。

Klarna：基于电商业务的数字银行

公司简介：Klarna是一家瑞典电子商务平台解决方案提供商，是欧洲最大的银行之一，Klarna 为 17 个国家/地区超过 20 万商家的 9000 万消费者提供支付解决方案。Klarna 的战略是与少数具有高度差异化并由世界级管理团队经营的颠覆性增长型公司合作。

业务模式：Klarna 的核心业务是预先为商家付款和处理个人用户的分期付款，从而消除买卖双方的风险。Klarna 向零售商收取每笔交易 3%~4% 的费用。消费者可以使用 Klarna 享受 25% 的购物首付以及两周一付的 6 周无利息贷款。作为电子支付解决方案提供商，Klarna 业务包括直接付款、"先买后付"和分期付款计划。Klarna 可以提供流畅的一键式购买体验，使消费者可以随时随地以自己喜欢的方式付款。其每日交易次数达到 100 万次，占北欧电子商务市场份额的 10%。阿迪达斯、宜家、Expedia 集团、ASOS、Pelotan、Nike、丝芙兰等都是其合作商家。

Klarna 在疫情中取得爆发性增长。截至 2020 年上半年，其美国客户数达 900 万，较上年同期增长 550%。全球每天有 55000 名消费者下载这个 App，是 2019 年的两倍多。它目前在 19 个国家上线，拥有 9000 万用户，预计 2021 年营收超过 10 亿美元。

发展状况：2005 年，Klarna 在瑞典斯德哥尔摩成立，公司现有员工约 2700 人。Klarna 在收购方面也从未停下脚步。Klarna 以 1.5 亿美元的价格收购了德国支付工具 Sofort，2016 年 10 月，Klarna 收购了 P2P 支付应用 Cookies。2017 年 2 月，Klarna 宣布以 7500 万美元收购德国同行 Billpay，整年在线销售额 210 亿美元。2018 年 9 月，Klarna 为巩固其在英国零售金融市场的地位，收购了 Close Brothers 的零售金融部门。2020 年，Klarna 完成了最新一轮 6.5 亿美元的大规模融资，该轮融资后，Klarna 的估值达到 107 亿美元，成为欧洲估值最高，全球估值第四高的未上市金融科技公司，也在全球金融科技独角兽中占据一席之地。Klarna 现在与超过 10 万名商家合作，为欧洲和北美的用户提供支付解决方案。在加拿大，Klarna 与加拿大即时融资提供商 PayBright 建立合作伙伴关系。澳大利亚联邦银行（CBA）曾发布公告表示将向 Klarna 投资 1 亿美元。并在公告中称，CBA 将成为 Klarna 在澳大利亚和新西兰的独家合作伙伴，也将继续对 Klarna 母公司和分公司进行投资。

3. 加拿大典型企业案例

Shopify：金融科技助力打造跨境购物平台

公司简介：Shopify 一直致力于为每个拥有跨境"店"商梦想的人创造更好的商业环境。同时搭建实战经验分享平台，帮助用户洞悉海外市场发展与运作。

附录图2—1 Shopify 功能展示（局部）

业务模式：Shopify 是由托比亚斯·卢克创办的加拿大电子商务软件开发商，总部位于加拿大首都渥太华，其提供的服务软件 Shopify 是一个 SaaS 领域的购物车系统，适合跨境电商建立独立站，用户支付一定费用即可在其上利用各种主题或模板建立自己的网上商店。

发展状况：经过十多年的发展，Shopify 从一家工具企业成长为内容平台公司。2015 年 5 月 22 日，Shopify 在美成功上市，首日市值达到 21.4 亿美元，该公司此次 IPO 招股价区间最初为 14～16 美元，后来上调至 17 美元，总计发行 770 万股 A 类次级股，融资约 1.31 亿美元。通过技术研发和流量扶持，Shopify 成功拓展护城河，完善了自身的生态系统，也使得其股价翻倍增长。但其中也引发了研发成本高涨的问题，使得其多年来难以盈利。另外在与亚马逊的比较中，两者的核心模式并不完全相同，但来自亚马逊的竞争压力依旧不小。Shopify 正在不断完善自己的生态系统，这或许将成为其最大的护城河。Shopify 的生态主要分为两块，一个是技术，通过为商家提供更多技术服务来扩展边际。目前拥有可以提供 SaaS 服务的 Shopify APP Store、工具 Shopify 以及 Shopify Shipping（物流服务）、Shopify Capital（金融服务）、Shopify Payments（支付服务）等增值服务。

4. 新加坡典型企业案例

SingaPore life：新加坡数字化寿险创企，客户可不来新加坡，直接视频签单

公司简介：Singapore Life（以下简称"Singlife"）是新加坡的一家互联网保险公司，主要经营在线人寿保险业务。2017 年 Singlife 已获得 5000 万美元的 A 轮融资，这是 2017 年以来东南亚地区最大的保

险科技行业融资。

业务模式：SingLife 主要通过网络端和移动端为中小型企业、商家和个人提供全天候的在线保险服务，包括提供简单且安全的长期人寿和储蓄解决方案。SingLife 通过应用互联网技术建立自己独特的竞争优势，允许客户从自身所在国远程投保、远程视频签字获得定期寿险产品，帮助客户克服释放资金潜力的惯性，同时协助客户管理财产，为财产增值。

发展状况：SingLife 利用自身在保险行业的技术优势，紧抓客户对于在线和移动服务的喜爱，积极扩张海内外市场。2019 年，SingLife 与菲律宾股权投资公司 Aboitiz Equity Ventures（AEV）建立了新的合资企业 SingLife Philippines，SingLife 持有新公司 65% 的股份。该公司的目标客户是 25～50 岁的人群，这些人的净收入在每月 25000 比索（491.45 美元）至 50000 比索（982.9 美元）之间，并且偏爱在线和移动服务。该公司寻求通过数字平台使菲律宾用户更容易、更便捷地购买和使用保险类金融产品。2020 年，SingLife 兼并了英国保险业巨头英杰华集团（Aviva）在新加坡的业务，SingLife 和 Aviva 之间的合作是截至 2020 年底东南亚保险业最大的一笔交易。

5. 日本典型企业案例

bitFlyer：全球交易量最大的比特币交易所

公司简介：bitFlyer 交易所成立于 2014 年，是日本最大的老牌加密货币交易所，一直致力于成为"世界上最自律的加密货币交易所"。

业务模式：bitFlyer 提供了一个名为 bitFlyer Lightning 的交易工具，用户可以利用它来进行比特币的现货、杠杆及期货交易。目前，

bitFlyer 提供的特色交易工具以及最大 4 倍的杠杆交易服务，收获了颇高的人气。同时，交易所提供 iOS 和安卓两个版本的手机应用"bitFlyer 钱包"，支持移动端交易。bitFlyer 现货交易涉及的币种有 BTC（比特币）、ETH（以太币）、BCH（比特币现金）、LTC（莱特币），等等。

发展状况：业务方面，日本的比特币交易量通常占全球数字货币交易量的 60% 甚至更多，bitFlyer 网站显示，有将近 80% 的比特币交易是在 bitFlyer 平台上发生的。2017 年 11 月，bitFlyer 正式宣布其将在美国推出比特币交易所，开展加密货币交易业务，并获得纽约监管机构授予的 bitLicense（数字货币许可证）。2018 年，bitFlyer 通过欧洲地区监管机构批准，将作为欧盟认可的支付机构进入欧洲开展业务。

融资方面：2016 年，bitFlyer 宣布完成了 30 亿日元（2700 万美元）的 C 轮系列融资，由 SBI 集团主导。2017 年 2 月，bitFlyer 获得了包括三井住友银行、瑞穗金融集团以及日本第一生命保险公司等金融公司的大约 2 亿日元（约合 176 万美元）投资。

6. 韩国典型企业案例

Kakao pay：韩国最大的移动支付应用

公司简介：Kakao pay 是韩国互联网行业巨头 Kakao Corp 于 2014 年推出的移动支付平台。目前 Kakao pay 的业务已经由支付扩展到税金缴纳、保险、信用分数、信贷、消费者之间（C2C）的便利交易（例如二手交易）等多元化的亲民金融服务。Kakao pay 的目标是成为韩国第一的移动支付服务，同时 Kakao pay 将联手阿里巴巴开拓世界市场，推动支付结算的全球化。

业务模式：韩国版"支付宝"。2017 年，Kakao pay 与中国的蚂蚁金服达成战略合作，共同开拓韩国的线上和移动支付市场。在该合作中，Kakao pay 不仅获得蚂蚁金服 2 亿美元战略投资以及其在移动支付领域经验和技术，还整合了支付宝在韩国 3.4 万家合作商户，并将服务数据与支付宝对接互通，用户可在聊天应用 Kakao Talk 中使用支付服务，中国支付宝用户也能在 Kakao pay 的加盟店中轻松使用在线支付。Kakao pay 除了提供移动支付与转账服务外，还提供二维码、条形码和离线支付等功能，相当于韩国的"支付宝"。

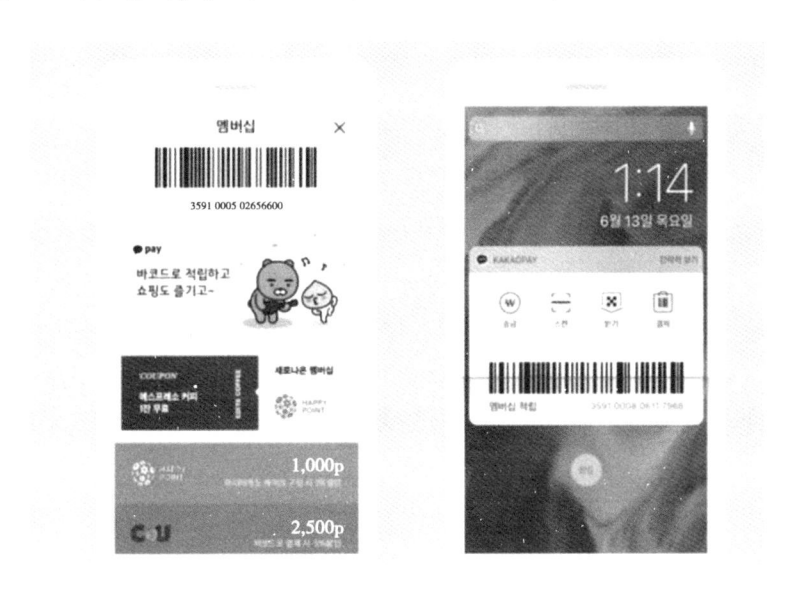

附录图2—2　Kakao pay 移动端界面

发展情况：Kakao 在韩国有很高的知名度，在全球拥有超过 4800 万用户，其最广为人知的产品是移动通信应用"Kakao Talk"，覆盖了韩国 97% 以上的智能手机用户。2014 年 Kakao 推出线上支付功能 Kakao pay 后立即赢得众多用户喜爱。2017 年，Kakao Talk 决定分离其移动支付业务Kakao pay，成立独立新公司。根据Kakao公司官方数据，2018年Kakao pay交易额超过20万亿韩元（约合177亿美元），巩固了其在韩国无可争议的行业领军者地位。

2020年1月，Kakao pay与Baro投资证券公司合作，推出自己的手机端内货币基金，这一举措参考了中国支付宝中的余额宝。Kakao pay上的这款韩版"余额宝"，将帮助韩国人在手机零钱包里实现"钱生钱"，实现闲散资金的保值增值。

后　　记

当前，随着5G、云计算、大数据、人工智能、区块链、物联网等新一代信息技术在金融领域的广泛应用，金融行业的业务类型和服务模式都在发生着深刻变革，金融与科技的深度融合正在迅速重塑金融产业生态，持续推动金融服务创新与价值升级。为顺应金融科技的发展趋势，帮助党员干部充分认识金融科技对金融行业和实体经济的推动作用，更好地满足党员干部了解、学习金融科技的需求，中国信息通信研究院云计算与大数据研究所（以下简称中国信通院云大所）的金融科技团队打造了本书，希望以严谨的逻辑和通俗的语言为广大党员干部呈现真实、全面的金融科技发展态势。

《与领导干部谈金融科技》一书由中国信通院云大所所长何宝宏担任主编。本书由何阳、冯橙、赵小飞、王睿、彭丹萍、阳湘毅、李京、韩毅博、邓审言执笔，窦佳丽进行了统稿审阅。

感谢中国工程院院士沈昌祥和中国银行业协会首席信息官高峰的联名推荐。

期待本书能够在金融科技促进金融业高质量发展和服务实体经济中发挥积极作用。